# LA
# PETITE POSTE
## DÉVALISÉE.

# LA
# PETITE POSTE
## DÉVALISÉE,

OUVRAGE propre à servir aux Mémoires du Tems;

PAR UN OBSERVATEUR PHILOSOPHE.

*Quæque ipse miserrima vidi.*

# A PARIS,

CHEZ les Marchands de Nouveautés.

AN XII. = 1804.

# LETTRE DE L'ÉDITEUR.

O vous ! qui que vous soyez, qui acheterez mon livre, je vous dois compte des motifs qui m'ont déterminé à le faire. Lisez-moi avant de parcourir la correspondance que je vous offre.

Je ne savais trop à quoi occuper un loisir mille fois pénible par son affreuse origine et ses funestes effets, quand un ouvrage célèbre que j'ai quelques raisons de ne pas nommer, vint soumettre à ma méditation un sujet qui me parut fécond, et à mon travail, un but qui me sembla moral et par conséquent utile. Je lus dans *** : « S'il était permis de » lever, par simple curiosité, » les cachets et de parcourir

» toute la correspondance d'un
» seul jour, dieux ! que de choses
» curieuses et intéressantes à
» lire..... la détresse, l'infortune,
» la misère, l'amour, la jalousie,
» l'orgueil donneraient des ta-
» bleaux variés, piquans.....
» Quel plaisir de voir à nu le
» style de l'homme d'affaires,
» du marquis, de la courtisanne,
» de la jeune fille amoureuse,
» de l'habitué de paroisse, de
» l'emprunteur, du tartuffe dans
» toutes les classes !.... les phi-
» losophes feraient de nouvelles
» découvertes sur le cœur hu-
» main.... et l'impression fidèle
» de toutes ces lettres serait un
» monument bien précieux. »
Voilà les réflexions qui ont pré-
cipité mes regards dans la société ; qui m'ont fait descendre
dans les profondeurs ténébreuses
des cœurs, dans le secret des

mœurs domestiques ; et m'ont mis la plume à la main. J'ai voulu être utile , et nullement méchant. J'ai cru que signaler les ridicules, la perfidie , les crimes et la dépravation , c'était éclairer la trop crédule faiblesse de la jeune vierge , prévenir l'inexpérience du jeune homme , éveiller la vigilance de la bonne mère et tenir sur ses gardes jusqu'à la sagesse de l'homme mûr. J'oserais même ne pas douter de ces heureux effets , si je pouvais dire au sujet de ces lettres, toutes les vérités qui sont dans mon cœur , ou au moins imprimer au bas de chacune d'elles quelques-unes de mes propres réflexions ; mais je me tais..... et du reste, malheur à qui , en me lisant , n'éprouvera pas de lui-même les sentimens que j'aurais pu lui inspirer : son cœur est gâté et mes

VIII

leçons lui seraient inutiles. Loin de penser à le rendre meilleur, je voudrais soustraire mon livre à son oisive curiosité. Le méchant ! il n'y verra que des copies de ses vices et de ses égaremens ; et en lui révélant la multitude de ses complices, je n'aurai malheureusement fourni à sa perversité qu'un motif de persévérance. Je le vois déjà qui cherche malignement à deviner les originaux d'après lesquels j'ai pu travailler. Perfide ! ne corromps pas mes intentions : elles sont pures. J'ai voulu contribuer aux bonnes mœurs en retraçant généralement les mauvaises, et non point devenir criminel en faisant la satyre particulière de qui que ce soit.

# LA PETITE POSTE DÉVALISÉE.



*Lettre de mademoiselle N*** à monsieur P***.*

NOTRE séparation d'hier au soir m'a paru mille fois plus douloureuse que les autres..... J'ai laissé tout mon bonheur à ***. Je n'ai rapporté que des regrets profondément sentis. Puis-je, chéri, éprouver d'autres sentimens, puisque je ne sens plus les palpitations de ton cœur. Le mien ne fut jamais plus malade, il étouffe dans ce moment, et pas une larme pour le soulager..... Pardon, bon Mimi ; je renouvelle tous tes tourmens, mais je te vois encore sur l'escalier pour recevoir ta bien-aimée ; tes premiers baisers sont en core sur mes lèvres..... ma langue n'a pas posé dessus, dans la crainte d'en effacer la douce impression..... chaque meuble est présent à mes yeux..... Tes soins enchanteurs remplissent mon âme de reconnaissance..... Ton brûlant amour, tes inquiétudes, tes projets, tout est écrit dans mon cœur en caractères ineffaçables... Nos regrets, si bien sentis à notre triste séparation, nos adieux presque muets, mon accablement en rentrant chez mon père..... En un mot, tout est dans mon sein, renfermé comme le dépôt le plus précieux..... Ah! bon ami, quel bonheur de s'aimer avec cette ardeur!.... Pourquoi faut-il que des sentimens aussi purs soient destinés à des souffrances auxquelles nous ne connaissons point de terme.... Cette réflexion agite tout mon sang..... L'éloigner est impossible..... Je croyais que mon amour ne pouvait pas augmenter..... Quelle erreur, ami de ma vie!..... plus

je te vois, plus il est violent : je ne
respire que pour P*** ; toutes mes
pensées, toutes mes actions sont à
lui. Le jour, la nuit, son image adorée
ne me quitte pas. Lorsque j'ai savouré
les épîtres divines qu'il m'écrit avec
cette abondance délicieuse, je voudrais être au lendemain, pour dévorer
celle dont il s'occupe..... Je ne sens
mon existence que dans ces momens
pleins de charmes..... Le reste est bien,
il est vrai, consacré à lui ; mais les
chagrins arrivent, mes idées se succèdent avec une rapidité incroyable...
et cependant une simple chaumière
et P***, voilà ma seule ambition.....
Epoque mille fois désirée, moment
inappréciable, arrive donc! que je
puisse jouir d'une si parfaite félicité!...
Ami chéri, sans doute tu sens comme
moi..... tu donne un bon baiser à la
belle Minette... Qu'elle est heureuse!...
N'oublie pas, cher ami, les séances.
Dieux! comme j'aspire à cet instant

où tu me donneras et la copie et l'original !... Je t'aime plus que jamais... Ah ! mon sensible ami, que nous sommes malheureux ! Adieu, je ne dépose aucun baiser ici ; après ceux que nous nous donnâmes hier, ils seraient trop froids.

## *Lettre d'une femme entretenue à son amie madame B***.*

Oui, mon amie, vous avez raison : Eugène a toutes les bonnes qualités, et personne n'a dû les apprécier comme moi. Je vous avouerai même qu'elles ont résisté à tous les efforts que j'ai faits pour les mettre en défaut. En effet, j'ai tout employé contre ses empressemens : froideur excessive, silence dans le tête-à-tête ; mauvaise grâce, ennui de ses caresses, refus des miennes ; et rien n'a pu m'épargner le tort et la honte que j'aurais voulu rejeter sur lui : il a fallu prendre mon parti, tandis que j'eusse désiré qu'il prît le sien..... Mais c'est précisément ce dont vous me grondez, et ce sur quoi je vais me justifier. De vous à moi, chère amie, ce ne sont pas des vertus, des sentimens purs et vifs qu'il me faut. Je me donne bien, il est vrai, l'air de les goûter chez ceux qui les ont : cette hypocrisie couvre ma perversité et la turpitude de mon métier ; mais dans la réalité qu'est-ce que cela ? Mille vertus, mille sentimens bien chauds paieront-ils un seul de mes chiffons, une seule de mes fantaisies, le plus frivole de mes caprices ? C'est cependant tout ce qui me touche, et l'imbécille qui calcule autrement, qui compte sur mes sermens, sur mes démonstrations, est un dupe. Des écus, mon amie : et puis des écus, et toujours des écus ; sans cela point d'amour. Il est tel homme que je méprise, que je déteste cordialement, et auquel je vais de nouveau livrer mes appas fugitifs, puisqu'il consent à m'en donner encore. Mais cet Eugène, que je dois estimer, à présent que j'en ai le dernier sou, qu'il aille gémir où il voudra, de sa ruine irréparable, qu'il aille vagabonder, ayant la misère en croupe et l'enfer dans son cœur, peu m'importe ; et je vous assure que son souvenir ne me troublera pas un instant. Après lui un autre ; après cet autre un troisième, un quatrième et ainsi de suite, tant que le sort m'en amènera. De cette manière, mon amie, j'en ai déjà aimé plus de vingt. J'ai l'estomac complaisant et le cœur vaste. Adieu, je vous embrasse.

### *Lettre de monsieur C * * * à son frère.*

Sois bien tranquille, mon frère : tout nombreux qu'ils sont, mes créanciers ne m'effraient pas. Les coquins ont pris d'assez gros intérêts, pour que

je puisse sans scrupule les faire attendre. Aussi, comme je les traite ! ils
entrent, je les accueille d'abord avec
honnêteté et bonne grâce ; ils me font
leurs sots complimens ; j'y riposte par
une grande cordialité et de vives assurances que bientôt ils seront satisfaits , et que je reconnaîtrai même
leur complaisante patience. Cela ne
leur suffit pas ; ils veulent élever le
ton, parler avec aigreur, ou employer
la menace : vîte je leur montre ma
canne ou la porte, et il faut qu'ils
s'appaisent. L'autre jour mon bottier
vint : si tu l'avais vu, comme il serrait
les fesses en me demandant de l'argent ; tu aurais trop ri. J'avais par
hasard mon violon dans les mains ;
pour toute réponse, je me mis à lui
joüer une anglaise. « Une anglaise, »
me dit-il ; et, comme si ce nom eût
suffi pour ne lui laisser aucun doute
sur ma disposition à lui manquer de
parole, il partit sur-le-champ. Crois-tu

que ces scènes-là ne m'amusent pas ?
En vérité, ne fût-ce que pour m'en
procurer le divertissement, je ferais
des dettes si je n'en avais pas. Rien de
plus comique que la mine de mes coquins. C'est à tous les quarts-d'heure
un changement de scène, qui vaut à
lui seul tout un opéra. Adieu, viens
un matin chez moi, et nous rirons, je
te le promets.

*Lettre d'une grisette à monsieur
V**** (1).

QUE vos propositions sont séduisan-
tes, monsieur, et que j'ai de bonheur
d'avoir pu fixer ainsi votre honorable
attention! Cependant, vous l'avouerai-

_______________

(1) Nous n'avons pas laissé dans cette lettre
les fautes d'orthographe qui y étaient ; et nous
agirons ainsi toutes les fois que ces fautes ne
pourront prêter, comme ici, ni à la plaisanterie,
ni au ridicule.

je, elles me font peur. Que dira
ma maîtresse, quand elle me verra
aussi belle que vous me le promettez?
et mes camarades, comme elles se
mocqueront de moi! Elles savent bien
ce que je gagne, et elles soupçonne-
ront bien vîte ce que c'est.... Et papa,
et maman! il faudra aussi leur rendre
compte... Oh, oui! monsieur, vos offres
me font peur... J'ai beau me raisonner,
je n'ose m'y rendre. Il me semble que
tout le monde devinera mon secret....
C'est bien mal, allez, ce que vous me
dites... Oh! je vous avais bien deviné
aussi; je vous avais bien vu passer et
repasser, toujours me regardant.....
et..... je vous aimais déjà bien, avant
que vous m'eussiez fait votre confidence... Mais tenez, je ne vois qu'un
moyen pour me soustraire aux reproches de ma maîtresse, aux mocqueries
de mes camarades et à la sévérité de
mes parens..... Que je suis folle!..... je
pensais à ne plus retourner ni au ma-

gasin, ni à la maison, comme si je pouvais m'en passer... Mon dieu, monsieur, combien vous me faites de mal! Allez, vous pouvez bien m'aimer, jamais vous ne me dédommagerez de tous les chagrins, de tous les tourmens que vous me causez. Au moins aidez-moi, s'il vous plait, à prendre un parti. J'ai besoin de tout l'appui de l'amitié; car de moi seule, je ne sais rien décider, si non que je vous aime bien et peut-être trop. Je vous salue et vous embrasse, si vous le permettez.

### *Lettre de monsieur de M*** à monsieur de B. M***.*

L'IMPÉTUOSITÉ de votre cœur, malheureux ami, ne vous laissera donc jamais écouter le langage de votre raison. A cet âge, où l'on doit avoir reçu toutes les leçons de l'expérience, vous avez pu sérieusement compter sur la sensibilité et la tendresse d'une femme avilie , qui depuis seize ans , n'a d'autres moyens d'existence , que ceux de vendre ses faveurs. Vous avez pu croire qu'elle vous aimait, et qui plus est, qu'elle vous aimait pour vous. Cependant vous eussiez dû être averti des secrets atroces de son ame par ses horribles procédés envers un homme généreux qui, après l'avoir sauvée de la détresse la plus pitoyable , avait fait pour elle des dépenses excessives. Mais non, vous vous êtes aveuglément livré. Des lettres passionnées vous ont séduit. Malheureux ! vous étiez trop pur pour une liaison aussi vile. Et comment ne vous êtes-vous pas dit que ces mêmes expressions qui vous charmaient , n'étaient que la répétition d'une farce jouée avec mille autres. Cependant vous en connaissiez dix , qui ont passé comme des ombres sur la fangeuse et vaste surface de ce cœur corrompu ? Hélas ! ils n'ont pas tous été dupes ; mais vous, tandis qu'elle entretenait de secrettes relations avec l'homme qu'elle déchirait sans cesse en votre présence ; tandis que son imagination toujours avide cherchait une autre proie à dévorer ; qu'elle donnait au bal de l'Opéra son adresse au premier inconnu qui la lui demanda , vous, victime , vous épuisiez vos moyens pour la mener plus à son aise au moment de faire éclater sa perfidie envers vous. Ce détail vous choque.... Mais enfin jugez-la par un ou deux traits que vous ne pouvez révoquer en doute. Elle faisait, vous le savez , un grand étalage de sentimens délicats au sujet de la démarche honteuse qu'avait faite envers vous l'amant qu'elle quittait , et c'était elle, mon ami , c'était elle qui l'en avait supplié au nom de son bonheur. Vous étiez le seul pour qui elle eût eu la complaisance de se faire peindre ; elle se serait crue désho-

nôrée sur-tout, si elle avait accordé
son portrait aux instances de C***,
et ce portrait, C*** le porte sur une
boîte. L'autre jour elle vous raconta
aussi..... mais je n'ai pas le courage
d'achever cette odieuse rouerie, et je
n'en finirais pas, si je voulais vous
retracer toutes les fourberies de cette
ame dissimulée, de cette hypocrisie
froide qui ne se trahit jamais. Voilà
cependant la femme avec laquelle
vous partageriez encore..... Mon ami,
je me tais : je craindrais les empor-
temens de mon zèle ; et vos malheurs,
quelle qu'en soit la cause, vous rendent à mes yeux digne d'une respec-
tueuse commisération. Adieu.

*Lettre de madame de S * * * à
madame de G * * *.*

QUELLE surprise, ma bonne ! tandis
que vous me croyez en Bourgogne, opu-
lente et heureuse, je vous écris de Paris,

misérable et infortunée. Hélas! oui, mon amie, j'ai tout perdu. Un jeune militaire a excité mes sens, et j'ai passé mon caprice. Mais combien il me coûte cher! j'avais cependant si bien mis à profit mon enlèvement; un contrat si bien conditionné..... ô noirceur! ô trahison! toute la sagesse de mes précautions, toute l'avidité de mes calculs est déçue. Un jour que j'étais dans les bras de mon chevalier, me prostituant par dérision de mon dupe, et assaisonnant mes lubriques plaisirs du sel piquant des sarcasmes, on vint me signifier de sa part d'abandonner à l'instant mon château, ma terre, mon équipage, mes gens. Nous rîmes beaucoup d'abord de cet ordre bisarre, et je le reçus avec cette gaîté légère que m'inspirait la circonstance, et que semblait me permettre le titre incontestable que je tenais renfermé. Cependant l'huissier insista. Moi, de prendre l'air assuré, le ton fier au-

quel je me croyais si solidement au-
torisée. Dédaignant même de lire l'as-
signation, je vais à mon secrétaire
pour lui montrer la réponse à son
inutile démarche. O désespoir ! je
cherche, je vide tous les tiroirs, je
cherche encore : plus de contrat, mon
amie. Une de ces confidentes que j'ai
toujours à mon service, et dont je
tire d'ordinaire un si bon parti, ma
femme de chambre, que je comblais
de mes bontés, parce que j'avais besoin des siennes, corrompue par l'or
de M. R***, avait soustrait et remis
entre ses mains ce gage précieux
de ma fortune, ce gage qui m'avait
rendue à la licence, parce qu'il m'a-
vait délivrée de la peur. Il m'a fallu
partir, laissant le mépris dans tous
les cœurs, et traînant la misère à ma
suite..... La misère ! ah ! je compte bien
qu'elle ne sera que momentanée :
mes bassesses ne sont pas épuisées,
ni mes charmes flétris. Me voici re-

portée au centre des galanteries. J'éta-
lerai sans pudeur tous mes attraits,
je ferai jouer mes yeux, mon esprit,
mon cœur, et fût-il évêque ou bijoutier,
je ne serai pas long-tems sans avoir
un entreteneur. Ah! ma bonne, jusqu'à ce moment j'ai bien besoin de
consolations.

*Lettre de monsieur B*** à
monsieur F***.*

NON, mon cher ami, non : je ne le
rappellerai pas, et jamais il ne rentrera chez moi. J'aimais sa mère, et
elle avait bien des droits sur mon cœur;
mais elle n'est plus, et avec elle, j'ai
perdu tout l'intérêt que cet enfant
pouvait m'inspirer. Il faudrait, à vous
entendre, que je supportasse seul le
fardeau de l'existence que je ne lui ai
donnée que de moitié. Ma foi non : ce
serait trop payer des faveurs dont je
ne conserve plus qu'un souvenir bien
indifférent. Et que m'importe ? Je n'ai

pas

pas eu la mal-adresse de lui donner mon nom, et rien ne lui prouve que je suis son père. J'en puis donc agir tout à mon aise à son égard. Mais la nature, me direz-vous.... Eh bien, n'y ai-je pas satisfait?..... Pendant douze ans, je lui ai accordé chez moi un mauvais grabat, du pain, quelquefois du bœuf et toujours de l'eau, tant qu'il en voulait.... Je l'ai fait subsister enfin : que lui devais-je de plus ? En vérité, avec votre nature, il faudrait que je sacrifiasse une partie de cette fortune que je n'ai acquise qu'avec bien des peines et des veilles. Non, encore une fois, nón On dit qu'il a beaucoup de talens naturels et d'étranges dispositions pour tout. Voilà son éducation toute faite. Qu'il mette, s'il veut ou s'il peut, ces talens à profit ; mais je n'irai pas, pour le bonheur de m'entendre appeler son père, me charger du soin dispendieux de les cultiver. J'aime bien mieux qu'il doive à la bienfaisance des autres ce qu'il faudrait lui donner de mon fonds. Toutes ses caresses, toute sa reconnaissance, tout son amour ne me dédommagerait pas des dépenses qu'il m'occasionnerait. Mon cœur est trop au-dessus de ces minuties. Vous ne m'en parlerez donc plus, cher F***, si vous voulez que je continue à vous voir, et je vous répète en finissant que jamais il ne rentrera chez moi. Adieu.

## *Lettre de madame G*** à monsieur S****.*

Mon cher ami, d'horribles nuits succèdent à d'ennuyeux jours. Tu ne te fais pas idée d'un mariage de raison. Je m'en faisais une juste; voilà pourquoi je me désespère. Cependant on m'aime à l'idolâtrie, et c'est un supplice de plus pour moi..... Tu veux que je le chérisse plus que toi.... Oh! tu veux donc aimer une autre femme plus que moi..... Monstre ! Tu l'aimes déjà. Faut-il que la jalousie se mêle à tous mes maux ! Ma santé s'en ressent; je ne mange ni ne dors..... Ne va pas croire que ce mal-être a une autre cause que le désordre de mon imagination. Non; car il porte la complaisance jusqu'à se priver d'une entière jouissance, parce que je lui ai témoigné le désir de ne pas avoir un enfant de si-tôt. Il craint plus que l'amant qui voudrait le moins compromettre sa maîtresse...... Ne crois pas au reste qu'un fruit de mon hymen puisse te nuire dans mon esprit : non, tu es au fond de mon cœur; tu y es de façon à ce que rien ne t'en dérange. Tu aimeras mon enfant, parce qu'il sera une partie de moi-même; je t'aimerai davantage, parce que tu le caresseras, parce qu'il sera ton enfant d'adoption..... Mais il n'est pas fait, et je n'ose, même à toi, avouer une des raisons qui me retiennent :

c'est que dans le cas où je ne pourrais décidément pas m'accoutumer , ce serait une charge , une entrave terrible.

Je t'envoie le don le plus original, en attendant que tu m'aies indiqué ce qui pourrait te faire plaisir : c'est mon anneau d'alliance. Remarque, mon petit S***, que jamais une femme ne fit un tel cadeau : elles y attachent presque toutes une superstition. Ma belle-mère me disait l'autre jour, en me voyant une superbe bague de diamans , qu'il vaudrait mieux la perdre que d'égarer seulement cet anneau. J'en ai ri en moi-même , surtout avec le projet que j'avais de l'envoyer à mon ami. J'ai encore une autre idée : on m'a proposé de me faire peindre ; si on revient à la charge , je me ferai presser, parce qu'il faut faire valoir toutes les complaisances ; et au lieu d'un portrait, j'en ferai faire deux , dont tu auras le plus ressemblant. Adieu, mon tout bon ami, je t'embrasse, je taime.

*P. S.* La bague de tes cheveux ne m'a quittée qu'au moment de pro-noncer le fatal serment ; je ne voulais pas que tu fusses-là ; mais je l'ai bien vîte remise après.

### *Lettre de mademoiselle Nanette Brochain à monsieur René Bon-Air, garçon sellier.*

J'ai reçu dans le contenu de ta lettre, mon bon ami, avec bien du plaisire que t'es consolé de ton déses-poire concernant l'événeman de mon mariage avec monsieu Roguignard que mon pére et ma mére veule me for-cée à me marier avec lui. Quoique ça, pour ce qui me regarde, si je ne suis pas la maîtresse de refusé sur la vo-lontée de ce que mes paran mor-donne, parce que le prétendan a du sonnant , je sai ben que mon cœur ne peu zêtre qu'à toi , avec lequel lunion de not amour fait not bonheur depuis troi zans. Mon oncque et ma tente Bonnet doive zarrivée samedy de Vincenne , pour assister à la nosse qu'aura lieu la semenne qui vient ; donque mon père leur zy en a fait linvitation. Tu voi , mon petit homme , que je serai forsé , parce que jai mon père qui me bâtrait dy obèire par forse. Mais je te jure , foy de Nanette Brochain , que lors et quand tunefoi je seray sa fame , mon père qui ny vienra pu metre son né , que je serai ben volontaire de mes action sur l'artique. Je tembrasse avec affectation , mon chere amy. Je te prie que tu peut conté sur la tendre amour de selle qui se dit pour la vie ta fidel amante.

*Lettre de madame Z * * * à monsieur*
*de  P * * *.*

Oui, monsieur, j'ai rompu avec Alphonse, et comme cette intrigue se présente avec la flétrissure de toutes celles qu'un même instant voit pour ainsi dire naître et finir, le prix que je mets à votre estime, me commande de vous la raconter moi-même. Vous en connaissez l'origine : c'est le faible, bien ou mal fondé, que j'ai pour sa famille. Je crus en effet que ce commerce de galanterie rendrait plus intime encore ma liaison avec elle. Cette idée, exagérée d'ailleurs par le besoin de mon active sensibilité qui cherchait un point de contact, me séduisit, et je me livrai. J'avouerai même que je le fis avec d'autant plus de facilité, que j'avais cru saisir dans ce jeune homme quelque chose digne de parler à mon cœur. Mais le mas-

B 4

que ne fut pas long à tomber , et je reculai de dégoût et d'effroi , quand je reconnus ma méprise. On n'est pas plus vil , monsieur , on n'a pas l'âme plus vénale. Ce malheureux cabotin ( passez cette expression du peuple à ma juste indignation ) ne poussa-t-il pas l'injurieuse bassesse jusqu'à tâcher de m'escroquer quelques écus. Il osa même réitérer ses demandes si fré-quemment , que bientôt je saisis sa crapuleuse intention ; et après cela, m'était-il possible de l'honorer encore de mes faveurs? N'ai-je pas dû redouter alors de me souiller de la fange dont il me parut couvert , et repousser avec mépris ses sordides caresses ? Vous êtes étonné , peut-être , vous , la triste victime des manéges intéressés de cette odieuse famille ; mais croyez à la vérité de ces aveux. Les caprices d'une jeune femme obtiennent d'or-dinaire assez d'indulgence , pour qu'il me soit inutile de chercher une ex-

cuse dans quelques calomnies. J'ai
même une telle opinion de votre aimable caractère, que je vous avoue-
rais des fautes beaucoup plus graves,
si j'en avais commises. Ce n'est donc,
monsieur, qu'un sentiment légitime
de ma dignité personnelle qui m'a fait
rompre cette humiliante intrigue ; et
si la malignité a mis en avant d'autres motifs, réléguez-les, sans hésiter,
parmi ces fourberies atroces , si fa-
milières à certaine classe avilie. Adieu,
venez déjeûner avec moi, et je vous
donnerai les détails que ne me permet pas l'indiscrétion de la poste.

*Lettre de monsieur T*** à sa
femme.*

Je ne rentrerai pas chez moi, madame. Je perdis la nuit dernière tout
mon porte-feuille, et la maison même
où je vous laissai toute entière aux
soins de la tendresse maternelle en-

vers mes enfans. M. de R*** se présentera peut-être aujourd'hui avec les titres de vente. Vous les respecterez, s'il vous plaît, et vous obéirez à tout ce qu'il exigera. Pour votre époux, il ne lui reste qu'une vie malheureuse à traîner. Ne le plaignez pas, non, ne le plaignez pas. Il avait recueilli sans peine les faveurs de la fortune, et soit dit entre nous, ce que le crime avait amassé, le crime lui-même l'a dissipé. Je l'avoue en frémissant : justice s'est faite. Croyez bien cependant que la partie du châtiment qui pèse sur mes enfans et sur vous, m'afflige mille fois plus que celle qui s'exerce sur moi. Faites de l'argent de ces riches dépouilles de la Hollande, de ces beaux porphyres, de ce magnifique collier, qu'heureusement le sort avait soustraits à ma fureur. Ils suffiront au moins pour quelque tems à vos besoins, sur-tout si vous suivez le conseil que je vous donne de vous

retirer à la campagne. N'exigez pas que
je vous y rejoigne de si-tôt : laissez-moi
mettre encore en œuvre quelques
intrigues qui sont ma dernière ressource ; et si le succès les couronne,
comptez qu'il me sera bien doux de
me rendre à vos embrassemens et à
ceux de mes enfans. Délicieuses caresses, vous êtes aujourd'hui mon tourment ; et je vous ai perdues par ma
faute.... ô rage ! ô désespoir !

*Lettre de mademoiselle de M****
*à mademoiselle Amélie D***.*

Mon Dieu ! ma chère Amélie, que
je l'échappai bel hier au soir ! Depuis
quinze jours ce jeune Auguste est avec
nous à la campagne, à nous faire des
tours, à nous divertir ;.... enfin tu le
connais. Du matin au soir nous sommes toujours ensemble , soit à lire,
soit à dessiner, soit à chanter. Ah ! si
tu savais tout le plaisir que je goûte

auprès de lui ! C'est pour moi, une sensation toute nouvelle! Et puis il me dit de si jolies choses, il me fait de si gentils badinages ! Oh! comme il m'aime, mon amie, comme il m'aime !..... Mais que j'en vienne à ma frayeur. Nous nous retirions pour nous coucher : j'avais embrassé papa et maman, et lui, il leur avait souhaité le bon soir. Nous montons ensemble, il m'embrasse, et voilà mon fou qui entre et s'établit dans ma chambre, sans que je puisse obtenir qu'il en sorte. Je le prie, je le supplie : rien. J'aurais dû peut-être le menacer, mais il m'en eût tant coûté de lui dire des choses dures ! il m'en coûtait déjà tant de lui faire résistance, de le chasser enfin, que je fermai ma porte et cédai. Mais qui es t-ce qui a bien eu tort ! C'est ta pauvre Delphine. A peine ma porte était-elle fermée, que celle de papa s'ouvre, et je l'entens qui monte l'escalier. Nous sommes perdus, voici papa, dis-je à Auguste..... En effet il va au cabinet du malheureux, et ne le trouvant point, il vient heurter chez moi et me demande où il est. Heureusement qu'il n'exigea pas que j'ouvrisse. Je lui répondis, en assurant ma voix autant que je le pouvais, que je croyais Auguste au jardin, et en même tems, j'ouvris ma croisée comme pour l'appeler; mais à peine est-elle ouverte, que le voilà qui saute, et moi, de crier de toutes mes forces: M. Auguste! M. Auguste! Cependant figure-toi mon état dans cet instant. D'un côté la crainte d'avoir révélé le secret de mon cœur; de l'autre, celle que mon ami ne se fût blessé en sautant; j'étais plus morte que vive. Enfin Auguste me répondit, et revint alerte se présenter à papa qui lui dit doucement qu'il ne savait pas ce qu'il était devenu, et cela finit-là. Mais quelle nuit j'ai passée ? Papa sait-il qu'Auguste était enfermé dans

ma chambre? Comment composerai-
je ma figure, pour paraître demain
matin devant lui?.... Il y avait bien
là, j'espère, de quoi m'empêcher de
dormir. Cependant le jour vient, et
déjà le déjeûner sonne. Qu'ai-je fait,
mon amie ? j'ai pris mon air aisé,
gentil, dégagé comme à l'ordinaire,
et je suis venue en sautillant me jeter
au cou de papa. Je ne sais si ma ruse
d'hier ou ma contenance de ce matin
lui en a imposé, mais il ne m'a nullement paru fâché ; j'espère que le
reste du jour se passera de même.
Ma foi, j'ai été bien assez punie par
la peur que j'ai eue : en vérité, je
n'en suis pas encore revenue. Viens
nous voir au plutôt. Si papa ne m'a
pas grondée, nous rirons bien de cette
aventure ; et si malheureusement il
n'a vu que trop clair, tu me consoleras.
Dans tous les cas, il faut que je te
voie. Adieu, je t'embrasse et t'aime
bien ; mon Auguste aussi.

## *Lettre de mademoiselle S*** à monsieur P***.*

Tu as bien sûrement remarqué, cher ami, deux phrases de ma lettre, les mêmes absolument que celles tracées dans les tiennes... Tu ne peux te faire une idée de mon bonheur; cette simpathie est divine..... Ah! comme mes yeux étaient brillans de joie ! Ils ne se sont pas tournés de côté, ils étaient fixés sur la place où ta bonne main avait écrit ces célestes mots..... Mon bon chéri ! il est une vérité bien prouvée : c'est que nos deux âmes n'en font qu'une. Jamais on ne vit un accord plus parfait..... mêmes idées , presque toujours les mêmes expressions..... Ah ! sensible ami, nous étions créés l'un pour l'autre. Mon cœur me le répète sans cesse , et ce qu'il dit est sacré. Comme il bat dans ce moment ! le tien bat de même. Le mien cependant s'agite encore plus vîte , parce qu'il devine que dans cet instant celui de P *** dicte les expressions les plus tendres pour sa chérie..... Mais il ne veut pas que notre correspondance soit imprimée. Que lui importent les gens qui par désœuvrement liraient nos épîtres ? Il n'en est pas un d'assez pur : tous cœurs froids , âmes insensibles..... Non jamais leurs regards ne souilleront ces précieux gages de notre amour. Je jalouse jusqu'à l'endroit où je les cache. Juge , d'après cela , si je puis me décider à en livrer une seule à la curiosité publique..... Non, mille fois, non..... Minette, je crois, est en colère. Pas contre toi, cher Mimi ; je ne vois dans cette idée qu'une preuve de plus de ton amour ; mais tous, excepté toi, je les déteste. Mon cœur est fermé pour l'amitié ; je ne vis plus que par les sentimens que tu m'as inspirés..... Tu es tout pour moi : je ne respire que parce que tu respires. Tu es pour moi parent, ami, enfant, époux, amant..... Ah! oui, amant idolâtré. Sans toi, plus d'existence..... Voilà comme on doit aimer P * * *. Plus faiblement serait un crime.

Ma santé..... ma foi, depuis que je t'exprime tout le feu dont je suis embrâsée, je n'éprouve que bonheur et félicité. La nature entière est anéantie pour moi. Je ne connais que mon Dieu et mon amant. Adieu, ma vie, mon âme : je couvre ta lettre de baisers, et j'en dépose mille bien brûlans sur chaque mot de la mienne.

*Lettre de madame V * * * à madame M * * *.*

Nous fîmes, hier, ma chère amie, la partie la plus folle qui fût possible. A dix heures du matin, la petite D*** entra chez moi, et me dit : ma chère amie, levez-vous vîte, et allons rue de Tournon, nous faire tirer les cartes. Madame E*** y vient, madame T*** aussi..... Enfin , nous serons quatre ou cinq, et l'on dit qu'il n'y a rien d'étonnant comme la précision avec laquelle la prophétesse vous explique les secrets du sort. Moi, j'en ai un besoin..... ô ! un besoin..... Il faut absolument que je sache si mon mari ne deviendra pas bientôt au moins indifférent , et si le jeune Alfrède m'aime comme il le dit. Levez-vous vîte et allons rejoindre ces dames..... Je me lève et nous partons. Je fis d'autant moins de résistance , qu'ayant une partie de campagne arrangée avec mon petit Emile , et craignant le retour de M. V * * * , j'étais bien aise de savoir à quoi m'en tenir. Cependant je ne dis point d'abord mon secret à D***. Enfin, nous voilà réunies ; et , le voile sur les yeux , embarquées dans un fiacre pour la rue de Tournon. Consulterons-nous l'oracle l'une en présence de l'autre, ou chacune en particulier ?.. Cette importante question, agitée en cheminant, manqua dissoudre notre pélérinage. Ces dames étaient de l'avis d'une confiance mutuelle, et moi, des confidences particulières. Pour me mettre même dans mes torts, l'une dit qu'elle allait savoir de qui étaient les cheveux qu'Edouard portait en bracelets, et l'autre, si elle serait encore longtems belle, longtems aimée, longtems aimable. Je savais le secret de la petite D*** ; il n'y avait plus que le mien à confesser, et je le fis ; mais je m'en repentis bien. Quand nous fûmes en présence de la sybille, elle nous déclara que nous ne pouvions consulter le destin que chacune en particulier, et nous passâmes l'une après l'autre dans un effroyable lieu, bien nu, bien silentieux, tendu de noir et éclairé seulement par une vieille lampe. Aussi, rien de plus comique que notre sortie de cet antre ténébreux et infecte. Notre contenance parla même au point, que nous ne fûmes point curieuses de nous confier les réponses. Mais au diable, ma chère amie, la prophétesse et ses bavardages. Bien que je n'aie pu me défendre d'une certaine mélancolie, d'une inquiétude quelconque, qui n'a pas échappé à Emile; j'ai cependant eu le courage de mépriser l'oracle, et ma partie a été des plus heureuses: monsieur V*** n'arrive que demain. Pour ces dames, elles ont été plus superstitieuses : D*** ne veut plus entendre parler ni de son mari, ni d'Alfrède ; E*** de son bel Edouard, et T*** est d'une tristesse à faire peur... Ne vous adressez jamais, chère amie, à ces sortes d'oracles. Ils vous disent tant de choses, qu'il s'en rencontre de vraies ; et celles - ci vous font ajouter une sotte croyance aux faussetés qui les accompagnent. De-là toutes sortes d'imbécilles soucis, qui troublent jusqu'à vos plaisirs les plus vifs. Adieu, je vous embrasse.

## LES OISEAUX.

*Vers de monsieur L*** à mademoiselle V***.*

Heureux Oiseaux, que je vous porte envie
A la nature, uniquement soumis,
Dans vos penchans, rien ne vous contrarie :
Vous le voulez, et vous êtes unis,
Vois, mon amie, ah ! vois sous ce feuillage
Cette fauvette et son petit amant :
Ils étaient hier tous deux sous cet ombrage,
L'un près de l'autre, à leur aise dormant.
Aucuns soucis, aucune fausse honte
Ne fatiguaient leur paisible repos ;
Le petit Dieu que révère Amathonte,
Et la nature en broyaient les pavots.
Dormir ainsi, quel charme ! quel délice !
Nous n'avons pas de sommeil aussi doux.
Avec nos mots de vertu, crime ou vice,
Un tel bonheur n'existe plus pour nous.
Ah ! Séladine, ah ! chère et tendre amie,
Que la nature a pris plaisir d'orner,
Pleurons le jour où l'homme eut la folie,

Le sot orgueil de vouloir raisonner.

Dès cet instant, les froides convenances

Ont asservi ses plus doux sentimens.

Tous ses plaisirs, toutes ses jouissances

Près du devoir, devinrent des tourmens.

O sacrilége ! ô nature ! ô ma mère !

Le tendre amour put être vicieux,

Et pour s'aimer, il fallut se soustraire

A tous les yeux, même à celui des Dieux.

Oiseaux, Oiseaux, restez ce que vous-êtes :

Que nos malheurs vous servent de leçon ;

Et n'allez pas, honteux d'être des bêtes,

Abandonner l'instinct pour la raison.

Jugeons par nous ce qu'ils perdraient au change :

Retraçons-nous, s'il se peut, sans frémir,

De nos amours quel est le sort étrange,

Comme ils nous font gémir, toujours gémir.

Nous nous aimons pourtant avec ivresse :

Un doux penchant, un charme naturel

Nous retiendrait l'un vers l'autre sans cesse ;

Et l'un de l'autre éloignés..... Sort cruel !....

Souvent aussi la nature étonnée,

De notre amour accuse la froideur.....

Mais la raison ?.... Contre nous déchaînée,

De notre amour elle fait le malheur.

Chez ces Oiseaux, que l'instinct seul dirige,

Rencontre-t-on sort aussi malheureux ?

En est-il un que cet instinct afflige
Comme raison nous afflige tous deux ?
Ah ! tendre amie , ah ! quelle différence !
Du dieu brillant, qui ramène le jour ,
L'aurore à peine annonçait la présence ,
Qu'ils se donnaient les baisers de l'amour.
Ils n'avaient pas besoin que le mystère
Vînt, de son aile, ombrager leurs plaisirs;
Ils les chantaient, et ne redoutaient guère
Qu'on entendit leurs chants ou leurs soupirs.
Se caresser sans gêne et sans contrainte ,
Toujours ensemble , et toujours folâtrer ,
S'aimer , s'aimer , se le prouver sans crainte ,
Il n'est pour eux d'autres lois à garder.
Un jeune arbuste , une tendre verdure ,
Un lieu bien frais , public ou retiré ,
Un champ de fleurs , ou les bords d'une eau pure
C'est-là qu'amour les enivre à leur gré. . . . .
Et nous vantons cette raison cruelle ,
Qui nous enlève un bonheur aussi doux ,
Fait aux plaisirs une guerre éternelle ,
Et les enchaîne ou les contredit tous !
Brisons son joug, ma tendre SÉLADINE :
A la nature obéis, soumets-toi.
Elle a tant fait pour ton âme divine. . . . ;
Oserais-tu ne pas suivre sa loi ?

# ENVOI.

Donne à mes vers, chère amie, un sourire :
C'est l'amour seul qui me les a dictés.
Si ta vertu les trouve peu sensés,
Pardonne-moi : je n'ai pu sans délire
Voir la nature, au tems des jouissances ;
Les prodiguer à qui vit sous sa loi,
Et mesurer les horribles distances ;
Que la raison met de ma mie à moi.

## *Lettre de monsieur A*** à monsieur L***,*

Que tu es sot, mon cher Félix, de te passionner comme tu le fais ! Qu'une femme serve à nos plaisirs, je le conçois ; mais qu'elle trouble la paix de notre âme, ma parole d'honneur vrai, c'est ce qui me passe. Il faut les aimer toutes et n'en aimer aucune exclusivement. Surtout, point de mauvaise honte, de fausse retenue avec elles. Crois bien du moins

qu'elles

qu'elles n'en savent pas le moindre gré. Tu ne peux sacrifier à la décence qu'aux dépens de leurs plaisirs, et dans l'instant où elles se livrent, elles s'embarrassent bien que tu sois décent : ce qu'elles te demandent, c'est de les faire jouir, rien de plus. Tu perds nécessairement de leurs bonnes grâces, si tu les mets à la réserve. Cette morale n'est pas celle de l'honneur, je le sais bien; mais elle est celle du siècle et de l'expérience. Observe la société, vois-la comme elle est : toutes tes remarques te convaincront que dans le cœur d'une femme, quel que soit le privilégié qui l'occupe, il y a toujours place pour un autre, si celui-ci promet de nouvelles jouissances. La petite F***, à qui Victor donne douze mille livres par an, a-t-elle pu s'empêcher de faire un enfant avec le grand G***; et y a-t-il beaucoup de familles où il n'y entre plus ou moins d'alliage ? C*** aime

C

bien sa femme, N*** aussi ; D*** est fou de la sienne , M*** ne contrarie ni les goûts, ni les caprices , ni les folies de sa belle brune ; et cependant tous ces maris sont-ils plus solidement chéris que R***, qui ne voit jamais sa grande haquenée, ou que W***, qui méprise sa petite blonde. Pas du tout. Mets-toi donc bien à ton aise avec ton Emilie..... Qu'elle ne cesse pas de t'être agréable; mais n'aie pour elle que ces attachemens faciles, que l'on contracte et qui se rompent on ne sait comme. Quand il s'agira d'épouser, ce sera différent : je te permettrai plus de passion, de constance et de maturité ; mais tant que tu n'auras à vivre que sur le commun, n'aime qu'en commun et jamais en particulier. Adieu , profite de mes avis; ou si tu ne veux y croire, consulte, et je suis sûr de ne pas trouver beaucoup de contradicteurs. Je te salue.

## *Lettre de madame C*** à son commissionnaire François.*

AUSSITÔT que tu recevras cette lettre, mon cher François ( et elle t'arrivera de la première levée ), cours vîte chez Auguste lui dire que Monsieur part à dix heures pour la campagne , et que je l'attends avec d'autant plus d'impatience , que je n'ai que quelques instans à lui donner. Si ces derniers mots le mécontentent, appaise-le par quelques-uns de ces gentils mensonges que tu as toujours à mon service. De-là, tu iras chez mon petit Victor, lui protester de mon attachement le plus pur et surtout le plus entier. Tu lui représenteras combien je suis inquiète des suites de notre rendez - vous d'hier ; que j'ai encore devant les yeux cet homme qui nous a tant regardés , et e prieras de venir à midi précis, rassurer son amie alarmée. Ces deux visites faites , retourne chez mon peintre , lui rappeler que je l'attends à deux heures , et qu'il faut absolument que le jeune Emile me trouve en séance. Aussi, iras-tu avertir celui - ci, qu'entre deux et trois , s'il veut que mon portrait ne soit pas maussade , et sourie avec la grâce simple de cet amour que je n'éprouve que pour lui, il viendra diriger le pinceau du peintre et égayer l'original. Enfin, passe de chez Emile chez Fortuné , et dis-lui que je le boude de n'avoir pas encore ces bracelets qu'il m'a promis , tissus de ses cheveux et relevés de perles fines; qu'il faut que je l'aime bien uniquement pour l'aimer encore , et que j'espère que la soirée ne se passera pas sans que j'aie à récompenser sa galanterie de mes plus tendres caresses. En faisant ces commissions, observe surtout, avec ta pénétration ordinaire, l'impression

que tes discours feront sur chacun de
ceux dont je viens de te parler, et
rends-moi bien exactement jusqu'à
un geste et une syllabe : il m'importe
de tout savoir. Adieu ; je compte sur
ton exacte fidélité, et tu sais comme
je récompense tes soins. Toujours de
la diligence, mon cher François, de
l'adresse et de l'intelligence, et ta
fortune sera bientôt faite.

### *Lettre de mademoiselle H*** à monsieur B***.*

Je te quitte à l'instant, mon bon
ami ; mon premier soin a été de lire
cette lettre délicieuse..... Pourquoi me
l'avoir donnée si tard?... Pourquoi enfin retarder mon bonheur? Tes expressions sont si tendres !.... Mon cœur
en palpite encore de joie. Chaque mot
a été lu et baisé mille fois. Ils peignent
si bien ton brûlant amour ; le mien est
si parfaitement d'accord ! Ah ! cher

ami, pourquoi ne puis-je t'exprimer tout ce qui se passe dans mon âme? Mais je t'aime, oui, je t'aime plus que ma vie..... Tandis que je t'écris, ma main est posée sur le côté où la tienne a resté pendant le spectacle ; j'en sens encore la douce chaleur ; elle pénètre dans toutes mes veines.... Que fait mon tendre ami ? Il s'occupe de sa bien-aimée ; il détache ses deux lettres de dessus son sein ; il les baigne de ses larmes, les miennes me le confirment. Adieu, cher amant, je n'ai pas la force de continuer ; ma tête est absorbée de mille idées déchirantes et délicieuses. Je te renvoie ton livre ; je ne veux avoir qu'une seule occupation dans le monde, celle de penser à toi, oui, toujours à toi ; voilà mon bonheur et ma félicité. Reçois toutes les caresses de celle qui te chérit.

## Lettre de M. Augustin Poinsinet à mademoiselle Rosalie Lourlet.

### MAMSELLE

Du depuis lontens que je me consomme pour le desire de voir l'accomplisseman de mon amour, vou zy metez toujour, de vot part, du retardeman à cause de ce que vous dite que les occasion ne ce trouve pas dans les sirconstance. En vlà zune, mamselle, dont par la quel je pourait tavoir la confirmacion de savoir sy vous maimez. Cest demin spestaque gratis. Vót mère et vot oncque doive sy allé rensemble avec vous à l'Opérat. Au moman ous que la foule fera la marée pour entré, lachez les d'un cran, comme par un acsident qui nest pas de vot faute. Je vou zattendrai au coing de la rue de Chabanet cheux le marchan de vin, ou que j'espère que je seron theureu

en mangean tun piquet de salade.
Daprès les sentiman de vot promesse
que vous mavez toujour dit que sa ne
tenois point tàvous, me fon t'espéré
que vous voudré bien satisfaire mon
espoire. Excusé, ma cher amie, si je
vous zécri ché vot maitresse d'apren-
tissage, c'est que je me sui réfléchi que
si je passions par ché vous on pourroi
zy voir queuque chose.

Je me dit en attendans celui de vous
voir, vot ami de tout mon cœur et
consitoyen.

P O I N S I N E T.

## *Lettre de monsieur G*** à monsieur T***.*

Mon talent m'a servi en votre faveur, Monsieur, au-delà de toute expression. M. A..... est venu plein de
confiance remettre entre mes mains la
défense des intérêts qui vous divisent.
Je n'ai eu garde, comme vous pensez,

de lui dire que vous m'aviez déjà pris pour votre défenseur officieux. J'ai voulu connaître auparavant tous ses moyens, et me mettre à même, par ses propres aveux, de les apprécier à leur juste valeur. Je vous avoue que son droit m'a paru assez fortement appuyé, et qu'il a fallu tout mon dévoûment à vos intérêts pour ne pas me charger des siens. Il confirmait d'ailleurs la bonté de sa cause par des offres si prodigieuses, qu'il n'eût pas été étonnant qu'un père de famille y succombât. Mais ce que la fortune m'offrait, je l'ai mis sur le compte de votre reconnaissance ; e me suis entièrement oublié moi-même, pour ne penser qu'à vous ; et maintenant que je connais à fond la défense de votre adversaire, je puis vous assurer que le succès de la vôtre n'est plus douteux. Il reviendra sûrement demain ; si je dois compter que ma conduite vous est agréable, je lui dirai qu'ayant entendu parler pour et contre cette affaire, j'ai pris le parti de ne pas m'en mêler; et pour échapper au soupçon , nous mettrons en avant le jeune D....., qui ne sera que mon truchement dans la plaidoierie. J'espère que vous me ferez savoir aujourd'hui à quoi je dois m'en tenir. Je vous salue , et vous prie de croire au zèle que je mettrai, soit dans cette occasion, soit dans tout ce qui pourra vous concerner à l'avenir.

*Lettre de madame L*** à madame B***.*

Notre soirée a été on ne peut pas plus brillante, mon amie , et vos bijoux , votre argenterie , votre porcelaine , vos richesses enfin ont produit tout l'effet que s'en promettait mon malheureux époux. Tels et tels , qui allaient lui retirer leur confiance, lui en ont donné de nouveaux gages , et grâce à votre amitié , la maison peut encore aller. Combien, chère amie, nous avions besoin de ce succès ! Nous devions fermer aujourd'hui. Heureusement que, par contrat de mariage, M. L..... me reconnaît 5oo mille livres; aussi j'ai été bien vite chez mon notaire avec lui, faire une secrette séparation de biens. Vous sentez toute la valeur de cette précaution ; elle nous laisse mille fois plus riches que nous ne l'étions en entrant dans les affaires; mais quand on ne peut saisir la fortune par loyauté, il faut la prendre par supercherie. J'en parle comme vous voyez fort à mon aise.... C'est que je suis rassurée par tant d'exemples ! Et le précieux M....., et la blonde F...., et la grosse A...., et l'astucieux E...., et mille autres, ont-ils donc fait autrement ? Il faut cependant que vous soyez bien mon amie, pour que j'y mette cette franchise ; mais ce qui doit me justifier et me conserver votre estime, c'est que tout assuré que soit ce moyen, nous ne l'adopterons, que quand la rigueur du sort et des évène-mens ne nous laissera pas une autre ressource. Nous sommes trop délicats, M. L.... et moi, pour ne pas lutter aussi long-temps que nous le pourrons. Adieu; je vous embrasse.

*Lettre de madame V*** à monsieur F***.*

VIENS donc encore, malheureux, me répéter que tu m'aimes! Viens donc profaner à mes genoux la sainteté du serment, et abuser de ma trop crédule tendresse. Tu crois peut-être qu'il m'a échappé, cet empressement avec lequel tu te mis à la table où elle jouait: Tu crois que je n'ai pas remarqué ces petits soins, ces attentions, cette pré-férence dont je ne pus te distraire; que je n'ai pas saisi enfin la coupable intelligence de vos yeux?.... Elle triom-phait, mon indigne rivale, et moi,

j'avais l'air délaissé. O injure! tu sem-
blais craindre d'avouer en public ces
sentimens que tu me jures en secret.
Aussi l'entendis-tu, cette amère ironie, cette insultante malignité avec
laquelle elle me dit que je te laisse à
ses soins pendant le jour, et qu'elle
t'abandonne aux miens pour la nuit? 
Juge-toi; n'est-ce pas là de sa part une
déclaration de son amour et un aveu
de ta condescendance? Va, nous n'aimons que quand on nous a promis du
retour, et sa mauvaise plaisanterie me
suffit pour prononcer que tu es coupable.... Oui, malheureux tu l'es ; et
tu l'es d'autant plus, que rien n'excuse
ta faiblesse, à moins que ce ne soit
ses grâces basanées et sèches, ses fades minauderies, ses.... Mais j'ai horr-
reur d'en parler, et j'oublie que tu
jouis de mon emportement même....
Eh bien! ou tu ne la reverras plus, ou
tu ne me reverras pas. Si tu n'es point
le maître de lui fermer telle ou telle

société , au moins dépend-il de toi (et ton cœur eût-il dû te permettre d'en agir autrement ?) de ne pas la distinguer des autres dans ces cercles, et de respecter ainsi le repos et le bonheur de la femme qui te chérit.

### *Lettre de madame E*** à monsieur J***.*

Non, Monsieur, non, il ne vous appartenait pas de me rappeler à mes devoirs d'épouse ou de mère. Il ne fallait pas m'exprimer des sentimens qui me les ont fait oublier, ou perpétuer ce qu'il vous plaît maintenant d'appeler mes égaremens. Cruel ! ce n'était point à vous, l'auteur de toutes mes fautes, à m'ouvrir les yeux et à vouloir me corriger.... Malheureux ! je les aimais, ces fautes, et c'est toi qui me les rendais aimables. Et que m'importe le cœur de mon mari ou la fortune de mes enfans, si je perds celui que j'idolâtre.... Au surplus, quand je laisserai à chacun de ceux-ci dix mille livres de rente, quelle injustice auront-ils à me reprocher, quel tort leur aurai-je fait ?.... Et mon mari, de quel droit punirait-il un désordre dont il m'a donné l'exemple ? A-t-il à me reprocher moins de soins, moins d'égards pour lui, moins de tendresse pour mes enfans, moins de vigilance sur nos intérêts ?.... Monstre ! J'ai redoublé de tout cela en t'admettant dans mes plaisirs, pour que nous les goûtions avec plus de sécurité ; tu le sais bien.... Mais vous cherchiez, Monsieur, un prétexte de m'offenser par le dédain ; et comme vous n'aviez rien à blâmer dans l'amante, vous vous en êtes pris à l'épouse. Eh bien, oui, nous romprons, mais crains la vengeance d'un amour outragé, d'une femme irritée. Adieu.

## *Lettre de mademoiselle de F*** à monsieur de G***.*

Tu es avec mon image, bon ami : que de baisers tu lui as déjà donnés ! Cet objet si cher à ton cœur repose maintenant près de toi. A ton réveil, il aura ta première pensée et toutes tes caresses..... Ah ! mon ami, quel bonheur !..... Mille fois heureux celui qui te possède sans cesse !..... A merveille, ma minette, à merveille.... Voilà tes expressions..... Est-il vrai que tu sois satisfait ? As-tu trouvé de la ressemblance..... Dans tous les cas, si tu crois quelques changemens nécessaires, tu peux prononcer..... Demain nous examinerons les détails. Nous pourrons critiquer à notre aise ou applaudir les talens du peintre..... Je t'avoue que je trouve ce portrait de mon goût..... Il a de la grâce, pas de beauté, cela était difficile, et je n'aime pas être flattée , même en peinture. A demain , tendre ami , je serai à..... le plutôt possible. J'ai grand besoin de te voir et de te donner mille caresses.

*P. S.* Le ruban noir est sur mon cœur , je te le jure.

*Lettre de monsieur Louis de Bon-Cœur à monsieur Des - Oursins, curé en la Cité.*

### Monsieur

Selle-ci est pour vous faire à savoire que je n'ay point resut le billet de confession que vous m'avez promi. Je sui Louis Boncœur cetui-là qui vou za parlée chez vous l'autre jour à Paris, au sujet de mon mariage, à Sceaux, ou je sui jardinier chez madame Milet. Doncque mes maître son tà Paris, cest pourquoi que je voudrion le recevoir tout de suite pour à fain de terminé la finition de ma nopce qui se fera taprès. Ma seure Lisabète, qu'est cuisinière de la maison, chez mes maître, elle irat vous remette, sans le savoire, les douze francs, comme nous somme tombés de convenance. J'atend de vos nouvelle pour ce qui s'agi de mon billet avec impatianse. Jai lhonneur dêtre avec salut et fraternité, votre, etc.

## *Lettre de monsieur D*** à monsieur P***.*

COMMENT trouves-tu, cher Edouard, cette madame S*** qui plaisante ouvertement son mari sur les infidélités qu'elle lui fait. Hier, en vérité, elle me jeta dans un embarras inexprimable. Tu es bien convaincu que personne ne sait mieux que moi ce qui en est. Eh bien ! comme nous étions à table, et que les plaisanteries roulaient sur ce chapitre, elle se mit à lui dire en gaîté : Cocu S***, cocu. Me voilà de rougir, de me moucher, de rire ; enfin, jamais personnage plus embarrassé. Elle, d'appuyer encore davantage sur sa mauvaise plaisanterie, et plus elle voyait mon embarras, plus elle en disait. Le pauvre diable de mari ne savait s'il devait en rire ou s'en fâcher ; cependant il prit fort bien la chose..... Mais as-tu vu une impertinence pareille à celle-là ? Ce n'est pas nous autres hommes qui aurions un tel front : le mot expirerait sur nos lèvres, ou ne sortirait qu'en cahotant contre nos dents. Mais les femmes !.... ô les femmes !.... Écoute comme mon étourdie m'a expliqué sa hardiesse...... En lui disant franchement la chose, prétend-elle, il n'y croit pas ; au lieu que si j'avais l'air d'y mettre de la retenue, cela pourrait éveiller les soupçons. Laissez-moi faire : nous en savons plus que vous en fait de ruse et d'adresse. Vous devriez bien donner une leçon là-dessus à votre petite dame aux traits pointus, si retenue chez elle avec son aimable étranger, et qui presque tous les jours va chercher ses caresses chez lui, pendant que son mari est à son cabinet. Elle y sera prise, c'est moi qui vous le dis, et le vieux sexagénaire ne badine pas. Du moins il lui a déjà fait, à cet égard, plusieurs semonces qui n'étaient pas tendres : il est jaloux comme un tigre..... Telle est à-peu-près, mon ami, la manière dont madame S*** justifia cette audace qui m'avait tant effrayé. Je suis encore si peu revenu à moi-même, que je ne sais si elle a tort ou raison. Tu me diras ce que tu en penses, quand nous nous verrons. Adieu.

*Lettre de monsieur R*** à monsieur D***, son ami.*

Tu es bien bon, cher ami, de t'af-

fliger de ce que tu appelles ma séparation avec madame M***. Il est vrai
que je l'aimais beaucoup , et tu sais à
quel point elle est aimable. Mais que
tu es novice ! Tout est profit pour
moi dans cette affaire. La révolution
avait tellement atténué sa fortune ,
qu'il fallait nourrir de mes deniers ,
tu le sais bien, la fraîcheur de ses
grâces et la rondeur de son embon-
point. C'était un terrible sacrifice que
l'amour m'imposait , et je n'eusse jamais soupçonné qu'il eût pu l'obtenir
de moi. Cependant je l'ai fait.... Mon
caractère heureusement vient de re-
prendre le dessus ; mais il fallait con-
cilier mon avarice et mon plaisir,
chose qui n'était pas facile. Dans cette
perplexité , je regardai autour de moi,
me cherchant un successeur, et ce
moyen me réussit. Un coup-d'œil exer-
cé m'apprit que ma belle brune ne dé-
plaisait point à un riche seigneur qui
la voyait assez souvent, et dès-lors je

m'occupai moi-même de le rendre heureux. Je ne parlais jamais qu'avec éloge, soit de ses mœurs, soit de ses immenses propriétés, ayant soin toujours de les mettre en opposition avec la petitesse de mes moyens, et surtout de mêler à ce contraste les expressions de la tendresse la plus constante et la plus vive. A la fin madame M*** me comprit. « Je vous suis à » charge, me dit-elle un jour, mais » vous ne voudriez pas perdre mes » faveurs : eh bien, soit. Je vais m'a- » bandonner aux soins de monsieur » de B***, et je ne vous retirerai au- » cune de mes bonnes grâces ». C'était précisément ce que je voulais. Je balbutiai cependant quelques fades assurances de dévouement, mais je le fis tout bas, dans la crainte que plus haut, elle ne les prît à la lettre ; et je finis par accepter les sages dispositions qui la mettaient dans l'opulence et m'assuraient une félicité gratuite.

l est vrai qu'il me faut par fois di-
gérer quelques caresses que son amant
lui fait en ma présence ; mais qu'est-
ce que cela devant les bons dîners
qu'il nous donne et les louis que j'é-
pargne. Tiens, mon ami, n'aie jamais
l'inquiétude sur la manière dont je
traite les intérêts de ma bourse ou de
mes plaisirs. Je te salue.

*Lettre de madame C*** à madame
L***.*

JE vous demande pardon, mon
cœur, de ce que je n'allai pas hier à
votre excellent thé manger mon aîle
de poulet et boire mon petit verre ;
car vous savez qu'il me faut tout cela.
Mais je fus obligée de sacrifier mon
plaisir à ma santé : j'eus la plus vio-
lente indigestion qu'on pût avoir, et
bien que familiarisée avec cet acci-
dent, il a mis mes nerfs dans une agitation qui est à peine calmée. Vous

n'en devineriez jamais la cause, si je ne vous la disais pas. Vous connaissez cette petite madame P***, qui dans le tems soigna ma captivité avec assez d'affection, et qui depuis a dédaigné l'honneur que ma reconnaisance lui proposait, d'être en quelque sorte ma dame de compagnie..... Vous savez qu'elle a abandonné M. le comte de T*** pour s'attacher à un jeune roturier, et à quel point ce passage de la noblesse à la roture l'a avilie à mes yeux, et me l'a rendue odieuse. Eh bien! avant-hier je vais voir notre amie la petite dame de S***. Elle n'y était pas..... J'attends..... C'était beaucoup d'une femme comme moi; mais que j'en fus mal récompensée! Une dame vêtue et voilée à-peu-près comme notre amie, se présente. Je crois que c'est elle, je vais pour l'embrasser; mais de dessous ce voile, il sort une voix qui m'observe que je me méprends...... C'était celle de cette

petite

petite dame P***. Je la reconnais, je tombe à la renverse, mes sens sont bouleversés; mais je n'attends pas qu'ils se calment : je me lève, je pars sans l'honorer d'aucun signe de civilité, et je viens me mettre dans mon lit où je suis encore. Croyez bien que j'ai regretté cette charmante société, où mes soixante - deux ans sourient encore aux jolis riens de la galanterie. Il n'y a que votre présence qui puisse me dédommager et de cette privation, et de l'horrible scène que je viens de vous conter. Adieu, mon cœur, je vous embrasse et vous attends.

*Lettre de mademoiselle Julie Caquet à monsieur de M***.*

## Monsieur

D'après ce que j'ay promi à monsieur et ce qui ma tordonné sur la conduite de madame, cest quelle est revenue de Paris hier à huit heures dans la berline toute seule. Madame a prit tun bain. A neu veures jai vu tarrivé par la petite porte de lorangerie un jeune homme à cheval qui est monté chez madame. Je ne l'ay point vu, mais cest un jeune homme qui est bien. Il a dit devant moi qu'il venais de ché madam Versy qui est à sa campagne, soi-disant de sa part. Il zont causé jusqu'à di zeure qu'il a fait semblant de prandre congé de madame, passeque il est bien dessandu, mais j'ay regardée quand les cheveaux sortait. Le jeune homme a redessandu de cheval près la petite porte du jardin, et son domestic qui s'apelle André, a prit son cheval et est parti avec les deux tout seul. A di zeure et demi madame ma sonné pour la couché; ensuite aulieu d'aler me couchée, je sui resté caché dans le petit collidore. Aprés sa, j'ay entandu

ouvrire tout douceman le petit cabinet de l'alcauve, d'ous que j'ay tou entandu, que je n'ay pas voulu técouté
plu lontan, et que je puis bien nassuré
monsieur qu'une fille hônête ne pou_
vais pas resté-là. Cest pourquoi j'ay
l'honeur d'écrire à monsieur pour lui
prouvé combien je prans ses intérêt,
comme il me l'a tordonné, afin que
monsieur veuille bien se ressouvenire
de mon mariage avec monsieur Lecoq
son cocher qu'est tun nonnête garson
comme monsieur me la promit. Jay
l'honeure d'être

Votre tré zumble servante

Julie Caquet.

*Lettre de mademoiselle P*** à
monsieur V***.*

Je le tiens, cher bon mimi, ce précieux trésor que mon cœur désirait
depuis si long-tems; je l'ai ce cher

D 2

portrait, cette image adorée. Tendre
aman, je la place dans tous les sens, et
à chaque fois dix baisers. Tout-à-
l'heure, en la présentant à la glace,
voyez donc, disais-je, à la bonne Ma-
rie, si la tête de V*** ne s'avance pas
derrière cette glace pour voir ce que
je fais. Elle était en extase, ma foi,
mademoiselle ; c'est lui-même, — et
puis moi, de rire, et puis de répéter :
il rit aussi. Enfin, cher ami, j'aurais
passé la nuit dans cette délicieuse
contemplation , si je n'avais eu une
autre tâche aussi douce à remplir. Il
fallait lire ton épître, et je l'ai lue six
fois. Oh ! combien elle m'a fait plaisir ! avec quel délice je me repose
sur chaque expression ! avec quel feu
tu retraces notre prochain bonheur !
Ah ! mimi, j'éprouve les mêmes transports..... Je n'ai plus d'autre occupation
maintenant que de compter les instans jusqu'à celui qui doit fixer irré-
vocablement ma destinée. Bientôt

plus de correspondance : nous nous dirons de vive voix ce que nous déposons sur le papier. Nous serons liés pour la vie..... Réalité divine, pleine de charmes..... Ah ! cher amant ! ces délicieuses idées m'électrisent , portent dans mon âme un feu divin. Ce qui augmente encore ma félicité , ce sont tes transports. Tu es heureux , mimi , tu me l'as dit avec cette vérité qui ne laisse aucun soupçon sur tes sentimens présens et à venir. Oh ! non , jamais V*** ne changera. Mon cœur me l'atteste ; le sien est si pur, si délicat. Oui , je le répète, mon amant m'aimera éternellement. Je te fais le même serment , et il est aussi senti que sacré. Bonsoir tout ce que j'aime. Ton portrait couche avec moi ; et l'original est à jamais dans mon cœur. Pense que dans deux jours nous devons être réunis jusqu'au tombeau. Je te baise de toute ma tendresse.

D 3

## *Lettre de madame de L*** à madame de Saint - E***.*

C'est à vous, mon estimable collègue, à vous l'apôtre de la concorde et de l'union parmi les auteurs, que j'adresse mes justes condoléances sur l'acharnement de quelques hommes contre nos productions littéraires. Ne dirait-on pas que la philosophie et l'instruction ne puissent habiter sous l'enveloppe des grâces et de la beauté ? Je leur ai cependant montré que je savais trouver leur Jean-Jacques en défaut, et vous, que vous saviez apprécier la poésie de leur Voltaire. Certaines de mes notes sur l'un, et votre usage habituel de l'autre en font foi. D'ailleurs si les invraisemblances et les contradictions de mes écrits ne sont pas du ressort de la philosophie, point de doute que leur moralité ne lui appartienne ; point de doute sur-tout

que cette éducation , que j'éloigne de
la société , pour que mes élèves en
apprennent mieux les usages, ne vaille
celle de la Sophie de leur empyrique.
Mais les méchans ne cherchent qu'à
mordre : ils ne vous pardonnent pas
à vous ce drame si honnête , où vous
mîtes en scène des filles de mauvaise
vie ; et ils rient encore d'avoir vu le
derrière inscrit et figurer deux fois
dans les *memento* de ma petite-fille.
Ils pourraient cependant mettre en
contraste le beau visage de mon illustre pénitente prosternée aux pieds
de J. C., et corriger ainsi le scandale
des anecdotes ; mais non : ils aimeront mieux rappeler quelques anciennes sottises que leur malignité
m'impute. Il est vrai qu'ils n'épar-
gnent pas non plus cette baronne à
la morale licencieuse , au néologisme
pédantesque qui prêche le divorce ,
ni cette autre plus moderne au style
passionné, à l'imagination lascive, qui

n'a pas craint d'avertir les hommes qu'une femme ne savait pas résister aux avances. Mais que m'importe cette justice qu'ils rendent par fois, s'ils s'obstinent à nous la refuser. Oh ! combien je desirerais que vous eussiez le courage d'en revenir aux vertus de l'évangile ! Nous liguerions nos talens pour repousser tant d'injures : vous deviendriez maîtresse de la scène , et moi je prêcherais à mon aise la religion et les mœurs. Mais vous le savez : point d'accord entre le Christ et Bélial, c'est-à-dire, point de ligue entre vous et moi , si vous n'adoptez aussi les livrées de la dévotion. Adieu, mon estimable collègue ; faites vos réflexions, et venez m'en communiquer le résultat : je l'attends avec bien de l'intérêt.

*Lettre de mademoiselle H*** à mademoiselle G***.*

Maman l'a donc décidé , ma belle

amie; demain nous quittons Paris, le délicieux Paris: jugez de mon chagrin..... et puis, reparaître dans ma petite ville sans ce titre chéri que j'étais venue chercher, sans le titre de femme. O désespoir !.... Comme mes compagnes vont me sourire malignement ! Que de chuchotteries !.... Ah ! mon amie, cette idée m'accable : passer huit mois dans la capitale ; faire beaucoup plus de frais pour plaire que n'auraient voulu mon humeur et ma fortune , et ne pas attraper un mari ! Ma foi , je n'y conçois plus rien ; car enfin je suis belle : du moins j'. l'ai souvent entendu dire ; j'ai même reçu quelques hommages de plusieurs hommes aimables..... mais pas un n° s'est avancé...... pas un n'a prononc le mot, le mot sacré que j'attendais Comme nous avions calculé différen ment , lorsque nous quittâmes S**. En vérité j'étais convaincue que je n'avais qu'à paraître, pour avoir à faire un choix..... Illusion affreuse!..... Non, on n'est pas plus outragée, pas plus humiliée! Et maman, qui me répète sans cesse que j'ai trop et trop peu fait, que je suis alternativement ou inconséquente, ou trop sèche..... Il est bien tems de faire des remontrances..... comme si je pouvais empêcher que les hommes à Paris n'eussent point de goût..... Heureusement que j'ai la certitude de retrouver à mon arrivée ce malheureux F*** qui brûle pour moi! Mais le moyen de faire les avances! Ma foi, je lui dirai que je l'ai préféré à tous les autres : il n'en doutera pas, (on fait accroire à un amant si aisément ce qu'on veut) et je serai mariée, n'est-ce pas, chère amie..... O que vous êtes heureuse avec votre Alphonse!..... Mais adieu, maman gronde et dit que je ne m'occupe de rien. Il est si douloureux d'emballer ces belles, mais inutiles robes!.....

## *Lettre de madame J*** à madame D***.*

Tu n'as jamais rien lu, chère amie, comme ce qui m'est arrivé au dernier bal de l'opéra : c'est d'un tragi-comique que rien n'égale. Tu sais le mensonge que j'avais fait à mon mari pour me réserver cette heureuse liberté sans laquelle point de plaisir. En effet, bien déterminée à m'amuser, j'arrivai au bal sous le domino et sans chevalier. Là, je m'en donnai tout à mon aise : je parlai à l'un de son intimité avec la petite dame O***, qui est grosse aujourd'hui ; à l'autre, de cette brune qui vient le voir dans sa voiture, et reste chez lui jusqu'à deux heures du matin ; à celui ci, de l'espèce de divorce de la belle Amélie, dont il est l'unique cause ; à celui-là, de son commerce avec la jeune C*** de l'opéra, quoiqu'il ait une jolie femme ;

et je leur dis à chacun des choses si particulières, je leur donnai des détails si positifs, qu'ils étaient comme pétrifiés. Je ne fus à-peu-près reconnue que de mon petit C***, à qui l'on ne peut échapper même sous le masque; et le voilà à me poursuivre avec une telle constance que je ne pus m'en défendre. Nous sortons ensemble, et avec nous une autre couple, mais tous quatre sous le domino. Par je ne sais quelle mésaventure, nos chevaliers font approcher le même fiacre, et chacun ouvrant la portière de son côté, nous nous présentons tous les quatre à-la-fois pour y entrer. Confusion et débat entre nos preux. L'un d'eux me prend par le bras et m'emmène à une autre voiture. Je ne doûte point que ce ne soit mon amant, et nous voilà partis. Nous ne nous fîmes guères en route que des caresses silentieuses, d'autant plus douces que le masque me dispensait du maintien;

et ce fut en jouant que nous arrivâmes rue Blanche. Nous descendîmes à la plus jolie petite maison que j'aie jamais vue. Tout y était inventé par le plaisir et disposé par le goût. Quel bonheur je me promettais !..... mais combien tout-à-coup la scène changea ! nos masques tombent, mon amie, et je me trouve..... Horrible confusion !..... je me trouve sous les yeux de mon époux, l'un et l'autre convaincus de nos mutuelles infidélités. Le lieu même parlait contre lui, et ma présence, dans ce maudit lieu, n'en disait pas moins contre moi..... Comment s'était opéré ce changement, comment n'avais-je pas distingué la voix qui parle à mon cœur de celle qui me brusque tous les jours ? Hélas ! mon amie, la méprise n'était que trop facile. A la malheureuse nécessité que le froid nous imposait de conserver nos masques, ajoute que sous le domino tous les hommes se ressemblent quand ils sont à-peu-près de la même taille, et sur-tout que nos yeux ne voient plus, que nos oreilles n'entendent plus, quand ils nous caressent : tous nos sens sont troublés. Quoi qu'il en soit, cette triste malencontre peut me coûter cher. Heureusement qu'il a autant besoin de mon indulgence que moi de la sienne ! mais c'est un despote qui se prétend au-dessus des lois et par conséquent des torts. Aussi, je te l'avoue, l'idée de l'avoir offensé m'affecte bien moins que la presque assurance où je suis que mon petit démon de C*** n'aura pas voulu être dupe de la méprise. Je le vois mettant à profit ce coup du sort qui me punit si cruellement..... je suis désespérée. Adieu, chère amie.

*Lettre de monsieur R*** à monsieur Z* * *.*

CE jeune L*** vint ce matin, monsieur, mettre à contribution la faveur que vous m'accordez pour une place à laquelle il prétend. D'anciennes obligations que j'ai à sa famille, ne m'ont pas permis de lui refuser au moins l'apparence du dévouement, et je lui ai donné une lettre qu'il doit aller vous remettre, accompagné de son père. Mais n'y faites aucun droit, je vous en prie. Il n'est rien moins que ce que je n'ai pu m'empêcher de vous en dire par lui-même. C'est un jeune étourdi, mal-élevé, sans talens, sans instructions, et auquel il ne serait peut-être pas sûr de confier certaines affaires. Son père, d'ailleurs, n'a pas toujours été bien pur : je ne sais même si le gouvernement peut le mettre au nombre de ses sujets fidèles et dévoués. Il m'en coûte de parler ainsi d'une famille, sans laquelle, je l'avoue, je serais confondu dans la foule des obscurs malheureux ; mais il m'en coûterait bien davantage encore d'a-

buser de votre protection , et de ris-
quer la perte de vos bonnes grâces.
C'est ce qui m'a déterminé à vous
écrire directement, et j'espère que ma
démarche, en attestant le prix que je
mets à votre faveur , n'aura d'autre
effet que celui de me la conserver à
jamais.

Je suis avec le respect le plus
profond,

Monsieur,

Votre, etc.

*Lettre de madame D=a à monsieur
T***.*

Ma douleur me laisse un peu de
calme... Je respire enfin, cher ami : j'ai
pu lire ta bonne lettre, ton divin empressement, tes expressions délicieuses..... Tout ce que tu dis, m'a vérita-
blement soulagée. Ah ! mon chéri,
comme tu m'aimes ! que cette idée a

de charmes ! J'étais anéantie par les souffrances ; à présent je ne sens plus que mon amour. Comme je vais profiter de ce moment pour causer avec tout ce que j'aime!... mais par où commencer ? J'ai tant de choses à te dire ; on cœur est si plein de bonheur.....

h ! tendre ami, si tu me voyais : je uis dans mon lit, l'écritoire sur mes enoux, et toutes les missives de mon héri près de moi. Comme tous tes entimens y sont peints !..... mais les ers... J'en ai l'âme ennivrée... Quelles xpressions douces et délicates ! quel bleau ravissant ! je ne sais en vérité quoi donner la préférence. En poésie u en prose, ton style est toujours si ndre et si aimable !.... Ma foi, je m'en ens à l'auteur..... Ah ! combien je fais e vœux pour être en état d'aller ientôt l'embrasser. Voilà des siècles des siècles de douleur, que je n'ai çu les tendres caresses de mon chéri. on Dieu, hâtez donc ma guérison,

que je puisse presser mon ami sur
mon sein ! Maudite fluxion ! De grâce,
bon chéri, ne t'échauffe pas par trop
d'inquiétude. J'enverrai toujours exactement mon homme te porter de mes
nouvelles , et toi, tu continueras à me
donner des tiennes chaque matin.
Adieu, je te baise bien fort, bien fort.
Cela ne te fait pas de mal, mon Mimi,
tu n'a pas de fluxion.

*Lettre de madame V * * * à madame
M * * *.*

Oh! c'est un joli homme que votre
monsieur de G***, ma chère amie, vous
savez toutes les poursuites qu'il me
fait depuis un an, avec quel art je les
ai entretenues et avec quelle adresse
j'en ai reculé le but. Avant-hier pourtant, ayant remarqué chez lui plus
d'ardeur, un ton plus décidé et sur-
tout plus d'impatience de mes refus,
je crus que l'instant de me rendre

était venu, qu'un plus long retard pouvait tout me faire perdre; et pour lui donner un espoir plus positif, je lui dis d'arranger une partie de campagne. Il me prit au mot, et hier dès le matin il se rendit chez moi, me disant que tout était prêt, et que si je voulais, nous allions partir. Cet empressement, ses discours achevèrent de me faire craindre que ce ne fût la dernière tentative de son amour, et nous partîmes..... Mais que je fus étonnée, en arrivant dans son château, de ne pas trouver seulement les croisées ouvertes ! je ne doutai plus qu'il n'avait fait aucune disposition pour me recevoir; mais il s'excusa sur ce que celles-ci auraient pu retarder encore son bonheur de quelques jours, et je lui pardonnai. Cependant il appelle son monde et donne ses ordres. Puis il me vole un baiser, puis un autre..... Enfin son ardeur impatiente l'emporte, et me voilà dans ses bras, sur un canapé du salon. Mais alte-là : au même instant, pour ainsi dire, la jardinière entre, apportant un fagot pour faire du feu : cette surprise lui coupe le sifflet, et impossible à lui d'en venir à son honneur. C'était bien la peine de soupirer si longtems, de me mener si loin, pour n'en pas faire davantage. Je vous avoue que dans le fond cela ne m'a pas plus amusée que lui : l'amour-propre ne trouve pas son compte dans ces sortes de foiblesses : il n'y a pas de surprise qui les excuse, et nous pardonnons difficilement, soit le plaisir qu'on nous fait perdre, soit la preuve humiliante qu'on nous donne de l'insuffisance de nos grâces pour remonter la machine. Aussi quand vous le verrez, mocquez-vous-en bien, je vous en prie. Pour moi je lui rappellerai encore longtems le château de C***. Adieu, mon amie, venez rire avec moi de cette mésaventure.

## *Lettre de monsieur M*** à monsieur L***.*

QU'EST-CE que les hommes, mon cher ami ? Vous connaissez toute l'intimité de ma liaison avec A***... Nous eussions souffert, si depuis vingt ans il se fût écoulé un jour, sans que nous eussions parlé ensemble de nos affaires, et que nous ne nous fussions communiqué quelque secret ou donné quelque conseil. Eh bien ! le croirez-vous, tout cela n'était de sa part qu'un simulacre d'affection, et cette amitié, qui semblait si confiante et si franche, vient de finir par la plus noire perfidie. J'ambitionnais une place qui suffisait parfaitement aux besoins de ma vertueuse famille : je lui confie toutes mes démarches, toutes les intrigues que je fais mouvoir, et tous les moyens de protection que j'ai.« Tous ces gens-» là, me répond-il, promettent beau-

» coup et ne tiennent rien : cesse
» d'aller te morfondre dans leur anti-
» chambre ou dans leur cabinet, et
» repose - toi sur moi. J'ai quelques
» droits à la bienveillance du Consul.
» Il estimait et regrette mon frère
» mort à ses côtés. Je n'ai qu'à lui
» parler de ce brave infortuné, et je
» répons du succès. » Je pris ce langage pour celui de l'amitié, et j'y crus
sans effort : j'étais si loin de soup-
çonner un crime! Cependant qu'est-il
arrivé ? A.....a été en effet se présenter
au Consul, et s'est pavané du souvenir
et de la gloire de son frère... Mais pour
qui ?..... Mon cher L***, Le croiras-tu ?
Pour lui-même. Le lendemain il a été
nommé à cette même place pour laquelle il avait suspendu tous mes soins
par la promesse de son appui. O le
perfide ! ô le monstre !..... je t'en conjure, mon ami : tu es jeune encore et
confiant ; que cet exemple ne soit pas
perdu pour toi ; qu'il ne le soit pour

personne, et qu'il figure un jour dans les annales de la dépravation des cœurs et des mœurs. Adieu.

## Lettre de madame F*** à madame N***.

QUE ce petit de C*** est ennuyeux, ma belle! ne va-t-il pas se figurer que je l'aime encore, et le voilà qui revient tout brûlant, m'apporter ce qu'il appelle l'hommage de sa constance et de sa fidélité. Bel hommage, ma foi! c'est bien de cela qu'il s'agit dans mes goûts. N'y a-t-il pas de quoi rire, ma petite, il s'est imaginé que le sentiment avait quelque part aux agaceries que je lui faisais. Le pauvre jeune homme qu'il est neuf! il n'a pas vu que ce n'était chez moi qu'un caprice, assez glorieux, j'espère, d'avoir les prémices de sa virilité. Aussi, comme j'ai été satisfaite du triomphe! il fera époque dans mes aventures, et j'en

conviens, je dois quelque reconnaissance à ce jeune homme de m'avoir
ainsi convaincue que je n'ai point
encore à désespérer de mes charmes
et de mon amabilité. Mais qu'il n'at-
tende rien de plus : je le dispense de
ses lourdes galanteries et de ses mas-
sives caresses. Je vous en prie, ma
belle, comme il est probable que vous
le verrez avant moi, gardez-vous de
lui donner mon adresse. Vous pensez
combien sa présence me deviendrait
importune auprès du nouvel objet
qui m'occupe. Je craindrais que celui-ci ne soupçonnât une ancienne
familiarité ; et comme il est très-per-
suadé que j'étais au moins une Pé-
néloppe, avant d'avoir cédé à ses instances, ce soupçon ne pourrait que
me nuire dans son esprit et peut-être
dans son cœur. Tout ce que vous avez
à dire à de C***, c'est que je suis à la
campagne, en attendant la saison
d'aller aux bains pour ma santé tout-
à-fait

-fait délabrée. Adieu, ma belle ; je vous embrasse comme je vous aime.

*Lettre de mademoiselle B * * **
*à monsieur T * * *.*

Mon amie te donnera ma lettre. Je n'ai pas voulu, cher ami, t'annoncer plutôt que je n'aurais pas le bonheur d'être près de toi aujourd'hui. Je ne respecte dans cette circonstance que le repos de mon ami, non pas celui du moment, car lorsque tu liras ce billet, ton cœur délicat et sensible éprouvera un choc violent ; mais l'avenir pourrait être troublé par un monstre. Cette idée est affreuse, et j'aime mieux souffrir seule, que d'avoir à me reprocher une démarche qui pourrait compromettre l'ami de mon cœur.... Ta ettre si aimable, si tendre, combien lle m'a fait répandre de larmes !.... Je 'ai pressée sur mon sein ; elle ne sera as attachée sur mon cœur, mais je te jure qu'elle y est gravée pour la vie..... J'ignore encore comment je pourrai te voir; ma pauvre tête est si malade, mon âme si agitée, qu'il m'est impossible d'avoir une idée claire. Je t'écrirai plus longuement ce soir; je suis trop gênée le jour; mais rappelle-toi que je veux te voir souvent; nous prendrons des moyens: je n'existe plus que pour toi; c'est assez te dire que s'il fallait renoncer à cette douce félicité, je cesserais de vivre. Je te donne mille caresses. Que le papier est froid, et mon âme est toute de feu !

*Lettre de monsieur Jean Coupard à monsieur La Planche fils, menuisier.*

### Monsieur

La magnière de vot conduite comme vous agissé à légare de ma sœur est ain-digne d'un honet home. Les raison qui

me fond rompre le cilance pour vous
écrire, cest que je sui son frére, pour
savoire du oui zou du non si vous éte
desidée au plutôt à tenire vot parolle
de lépousé, donc que vous l'avé mit
dan lanbarras quelle est groce de vous,
de sis moi, ou quil faut apsoluman re-
connaîte l'enfan. La choze nyra pas au
vi za vi de la justisse ; cest en voyant la
situacion du désespoire de ma seur, je
me voit décidée d'aler pour vous trouvé, moi même, à Paris dont jauray vot
satisfacsion au sabre ou à la pointe, sa
mest égale. Selle-si est donc pour vous
faire à savoire que si dici à lundy vous
ne repondé pas une désizion comme
je veut, jai tune permissions du ca-
pitaine dont je vous jure fois de briga-
dier au 9ᵉ. dragon que je vat pour vous
comporté selon la chause que vous
mérités.

Salut et fraternité.

## *Lettre de madame A*** à madame S***.*

JE viens, madame, vous faire une prière qui vous causera de la surprise et sûrement du chagrin. Vous me vîtes hier avec mes enfans, couverte de quelques frivolités du luxe et de l'aisance ; mais, vous l'avouerai-je, madame, tout cela n'était qu'un brillant verni sous lequel l'état de mon mari me force de cacher la plus extrême misère. Oui, madame, la plus extrême misère. Par cette fausse honte qu'on attache à ne pas faire en société comme les autres, je perdis le seul écu de six francs qui me restait, et mes malheureuses filles n'auront rien à manger aujourd'hui. Des pertes qui se sont réitérées comme les éclats de la foudre, nous ont enlevé tout notre avoir et tout notre crédit. Cette affreuse position d'une famille qui n'a pas mérité son infortune, serait-elle, madame , incapable d'émouvoir la sensibilité de votre cœur ? Oh! non, je me jette à vos genoux , et je vous implore au nom de mes enfans : accordez-leur des secours que leur malheureuse mère ne peut leur donner. Une centaine d'écus, madame , et vous devenez le salut d'une vertueuse famille , et vous jouissez à jamais de cette félicité pure qui récompense une bonne action. Monsieur A*** doit bientôt toucher une somme assez considérable : croyez, je vous en prie, que le premier de nos devoirs , à cette époque , sera de vous rembourser l'avance que vous nous aurez faite , et surtout que rien ne pourra jamais acquitter la dette de nos cœurs reconnaissans.

Je suis avec toute la considération que vous méritez ,

MADAME,

Votre , etc.

E 3

# LE BOUTON DE ROSE.

DÉCLARATION *de monsieur de F*** à mademoiselle Césarine B***..*

Air : *Femme sensible*, etc.

TENDRE bouton, qu'aucun zéphire encore,
N'a profané de son souffle amoureux,
Sois mon idole, et puisque je t'adore,
N'ouvre ton sein qu'à l'ardeur de mes feux. ( *Bis.* )

L'AMOUR aussi fait éclore des roses ;
A son flambeau tu ne croîtras que mieux,
Tu brilleras plus que les fleurs écloses,
Sous les regards du dieu brûlant des cieux. ( *Bis.* )

IL réglera mes soins dans ta culture,
Et ses conseils feront toujours ma loi ;
Il me l'a dit : c'est plaire à la nature,
Tendre bouton, que de vivre pour toi. ( *Bis.* )

MAIS par faveur, ou par reconnaissance,
Près de moi seul aime à t'épanouir :
Mon bonheur est dans cette préférence ;
Si je l'obtiens, je n'ai plus de désir. ( *Bis.* )

## *Lettre de monsieur de C*** à monsieur de M***.*

JE ne puis, mon cher, vous rendre le service que vous me demandez. Je me ruinai hier : j'achetai une jolie voiture pour ma maîtresse ; je me donnai un lit en acajou, un nécessaire de mille écus, et je perdis au quinze une somme considérable. Il ne me reste guères qu'une dixaine de louis, et aujourd'hui nous avons la plus délicieuse partie en train chez la S***. Je sens cependant bien vivement toute l'amertume de votre position, et je suis peiné de votre détresse ; mais, d'après le compte que je viens de vous rendre, vous jugez qu'avec tout le dévouement imaginable, il ne m'est pas possible de me défaire d'un seul denier en votre faveur. Une autre fois peut-être, je serai plus heureux.

Adieu, tout à vous.

E 4

*P. S.* Pardieu, vous devriez bien tâcher d'être des nôtres ; nous nous amuserons , nous rirons comme des fous.

## *Lettre de mademoiselle de R*** à madame de B***.*

TOUJOURS des scrupules, chère amie. Que vous êtes folle, j'ai presque dit : sotte ! A quoi vous mène cette ombrageuse délicatesse, qui, alarmée d'un propos gai , d'un geste un peu libre , ferme avec sévérité la bouche qui prononce l'un , ou repousse la main qui se permet l'autre. A notre âge , il faut faire comme Ninon, se faire homme ; ou bien rester chez soi, disons-le franchement, à se consumer de stériles regrets, de désirs superflus, ou à se calciner par ces brûlantes images que l'imagination nous retrace toujours au-delà des proportions de la nature. Or, je vous le demande :

est-ce là de la vertu ? Et l'œil de cette justice rigoureuse, que vous dites qui vous observe , est-il moins offensé de vous voir jouer en secret avec des objets plus dangereux mille fois , que ces gentilles libertés qui vous rendent en public si maussade et si aigre ? Pour moi, je suis si convaincue du contraire , que si je savais un péché que je n'eusse pas commis, de ceux du moins qui ne compromettent pas la probité , je me donnerais vîte le plaisir de le commettre. Ce propos vous irrite , et vous tonnez contre moi..... Mais voilà ma morale à moi , vieille fille , et c'est ainsi que j'ai conservé la paix de mon cœur, le sang-froid de mon esprit et le calme de mes sens. Daignez même l'entendre : je suis peut-être plus vertueuse dans mon relâchement que vous dans votre rigorisme affecté... Je conviens bien cependant qu'il ne faudrait pas prêcher cet évangile à la jeune vierge que la pudeur embellit toujours, que la modestie rend plus intéressante et chez qui la retenue dans les discours et le maintien, est l'attrait le plus séduisant. Mais pour nous, que l'usage du monde, que les années seules ont dû instruire, toutes ces qualités ne sont qu'un masque ridicule. On se rit, on s'éloigne de la mal-adroite qui le prend ; ou si vous l'aimez mieux, on cherche à le faire tomber; et si malheureusement on y parvient, on n'en finit plus sur le compte de son hypocrisie, et il n'est bruit partout que de la défaite de son imbécille pruderie. C'est-là, ma chère amie, vous parler à cœur ouvert, et je désire bien que cette franchise vous rende plus heureuse en vous rendant plus aimable.

Je vous embrasse.

## *Lettre de mademoiselle V*** à monsieur D***.*

L'ennuyeux H*** doit venir aujour-
d'hui, mon bien-aimé, et passera sûrement la soirée avec moi. Mais que
ce contre-tems ne dérange point les
projets de bonheur que nous avons
formés. J'ai tout disposé pour lever
les obstacles. Ma femme-de-chambre
a ordre de t'introduire dans mon cabinet de garde-robe, pendant que le
satyre m'ennuyera de ses propos; car
il faudra bien qu'il s'en tienne-là. J'ai
une migraine toute prête, soit pour
mettre un frein à ses brutalités, soit
pour le renvoyer s'il prolonge sa visite
trop tard. O mon ami ! comme je re-
gretterai les instans qu'il te dérobera !
Heureusement que ma prétendue migraine justifiera aussi mon sérieux.
car je t'avoue qu'il me serait impossible de lui sourire..... Lui sourire, pen-

dant que mon petit Emile sera prisonnier, et soupirera tristement après l'instant de sa délivrance..... Non, ta Coralie ne sera pas aussi cruelle. Adieu, mon bien-aimé. Ne viens qu'à la nuit. A huit heures Jeannette sera à la porte de la salle à manger pour te mettre au secret. Sois tranquille ; je te dédommagerai de mon mieux de ces malheureux instans de captivité. Je baise bien tes belles dents. Adieu.

## *Lettre de monsieur d'E*** à monsieur N***.*

Tu t'étonnes, mon ami, comment, tombé de l'épiscopat dans l'apostasie, et dépouillé ainsi des richesses de l'église, je puis faire à Paris les dépenses que j'y fais. Mon moyen cependant est bien simple : j'ai troqué le masque de l'hypocrisie religieuse contre celui de la fourberie galante. Une vieille étrangère, bien ridée, bien dégoûtante et bien flasque, s'est passionnée pour mes yeux éraillés et mon teint blême. Elle est riche ou du moins bien à son aise : je ne l'ai pas laissé soupirer longtems. Un beau jour je me suis jeté à son maigre et long cou : nos bouches rapprochées se sont mouillées d'une bave mutuelle, et quelques mots d'amour en sont sortis à travers les espaces infectes de nos dents. De ce moment, tout fut fini : nos mains desséchées serrèrent leurs nerfs l'un contre l'autre en signe de fidélité, et depuis je dispose de sa cassette. Comme je suis heureux au jeu, tous les jours je vais passer au tripot quelques heures avec ses louis. Quand je gagne beaucoup, je dis que j'ai gagné peu, quelquefois même que j'ai perdu. C'est moi d'ailleurs qui manie ses deniers, et je ne lui rends que le quart de l'intérêt qu'ils me rapportent. Si elle a une affaire à discuter, une acquisition à faire,

je lui fais accroire qu'on exige tant
pour la réussite de celle-ci, et j'ex-
hausse considérablement le prix de
celle-là. Toutes ces manœuvres ou
d'autres semblables ont un succès
d'autant plus sûr, que je ne lui mé-
nage pas les galanteries, et elle les
aime. Elle en est même si entêtée,
que m'ayant dit sérieusement un jour
qu'à cinquante ans elle avait fait une
passion, et s'était crue un moment
grosse, elle récompensa, par un rouleau de vingt-cinq louis, la froide
bonne foi que j'eus l'air d'ajouter à ce
propos. C'est ainsi que je me fais les
fonds nécessaires pour entretenir de
jolies femmes. Au surplus ne crois pas
que je tienne toujours parole, même
dans ces commerces agréables. J'ai con-
tracté une habitude de tromper que
je ne puis vaincre. Il est vrai que mes
fraudes me coûtent quelques humilia-
tions, et ma vieille sur-tout ne me les
épargne pas.....Mais comme j'oublie ai-

sément tout cela dans les bras de mes petites belles !..... Adieu, juge de mon amitié par les aveux que je viens de te faire, et ne trahis pas ma confiance. Tu ferais crouler toute ma prospérité ;..... elle est brillante, mon ami, elle est brillante, et me coûte peu.

## Lettre de mademoiselle C*** à monsieur de R***.

MARIVEAUX t'occupe sans cesse ; je partage sincèrement tes transports. Oui, bon ami, je fais des vœux pour que rien ne mette obstacle à notre délicieuse réunion de jeudi..... Je compte des siècles depuis l'époque où j'eus le bonheur de te presser sur mon cœur. Comme le tems s'écoulera lentement d'ici à ce jour tant désiré ! combien je suis impatiente de voir cette chambre, où tu as passé des momens qui se rapportaient tous à moi. Je vois tes soins scrupuleux pour que rien ne manque à ta bien-aimée. Ah ! cher ami, si tu pouvais lire dans mon cœur tout mon amour et ma reconnaissance..... Mais que dis-je..... tu le connais ce cœur tout dévoué pour ton bonheur.... et il sent mille fois plus qu'il n'exprime..... Tes idées de folies ne m'ont point échappé..... j'en ai ri ; d'ailleurs il eût été étonnant que nous ne nous fussions pas servi des mêmes expressions..... car tu sais que ma lettre commençait par le même mot, sans cependant y ajouter les mêmes idées ; mais tes phrases y donnaient lieu. Je te pardonne de toute mon âme ces réflexions, quoique un peu libertines. Adieu, chéri ; mille baisers.

*Lettre de M. Dominique Ledoux à M. Fitard.*

MON CHER COUSINT,

JE vou zécrie pour vous dire que

mon fils Jérôme a tiré noire, ce qui la
fais tombé pour la coscrition de l'armée de la guerre qui s'entent de la
réserfe. Not Madeleine ne fait que
peleuré, pour de quan tà moi je nen
some pas un brint du tout fachét. Not
curé quest son mêtre d'école y nou za
dis que sétoit un diable qui ne ferois
jamais rien dans son nétat de sagris-
taint de not paroisse aprêt ma mort.
J'y desire pas de male, mais toutefoit
si le sòre veu qui soi tué zà la guère,
sa mest égale et puisseque lon me dis
tant et tant de foi que cest pas le mien
dautant plus qui me ressemble pas. Il
dois pacé tà Paris. Sile voue demande
de l'argean. Point du tou. Il yra voire
son parrin quest député avec madame
son népouze. Y zi en donnerons, et
avec les dis écut que je lui donnerai
desus sa légitime de pare avec sa
seur, ça ferat sa route jusqa Trasbour.
Not fame doi zallé à Paris dans queu-
ue jours, ny montré pas ma létre

pourequoi je suit assurée quel man vouderait de vous dir la véritée.

Ma fame, ma fille et moi nous vous fesont tout des compliman d'amiquié. Je vous embrasse et suit votre couzint

DOMINIQUE LEDOUX.

## Lettre de madame de M *** à madame de B ***.

Vous voilà bien embarrassée, ma chère, avec votre sensibilité, qui ne sait pas refuser un service. Quel tourment que cette faiblesse qui nous attendrit sur les maux que nous voyons! Un peu plus de fermeté, mon amie, un peu plus d'égoïsme, et vous vous en trouverez bien. Quand vous ne cesserez de vous occuper des besoins du malheureux, d'y pourvoir autant qu'il est en vous, et de gémir de ceux que vous ne pouvez soulager, quel bonheur y a-t-il à tout cela? Et que feriez-vous donc si cette espèce de sollicitude était un devoir de justice et de reconnaissance ?..... Vous n'auriez ni le talent ni le courage de controuver un prétexte pour vous en affranchir. Cependant pourvu qu'on sache embellir et honorer aux yeux du public son injustice ou son ingratitude, c'est tout ce qu'il faut ; car le public est surtout ce que l'on doit craindre. Et qu'importent en effet les plaintes sourdes, les clameurs obscures d'un homme sans crédit que l'on peut offenser, calomnier et frustrer impunément de ses droits ? Cela ne saurait vous atteindre. La société prévenue d'ailleurs par les adroites calomnies que vous semez, n'entend plus ou reçoit mal les vérités que débite l'infortuné que vous foulez, et voilà votre injustice sanctionnée. Essayez e cette tactique : elle vous éparnera bien des soins, bien des remords : elle m'a toujours réussi à

moi. Il est vrai qu'autant que me le
permet la crédule confiance de mes
traitans, je ne fais guères que ces
conventions verbales, qui laissent si
beau jeu à la mauvaise foi; mais quand
je me trouve serrée de trop près,
l'homme avec qui j'ai des engage-
mens, est bientôt signalé dans le public comme un libertin sans conduite
et sans mœurs. Tout-à-l'heure encore
j'ai imaginé de dire qu'un tel était
dans la misère, parce qu'il entretenait une maîtresse, et cela m'a réussi
à merveille. Cela a imposé silence à
toutes ces voix qui s'élevaient pour
lui; je lui ai enlevé tous ces suffrages
qui ne laissaient pas que de me gê-
ner, toutes ces protections qui m'ef-
frayaient de leur importance, ou me
fatiguaient de leurs sollicitations, et
je me suis vue tranquillement en possession de ne faire droit à aucune de
ses justes demandes. Je vous conseill
bien d'en agir ainsi, mon amie, e

ous trouverez enfin dans cette du-
eté même la source de plus d'un
vantage, de plus d'une sorte de fé-
icité. Croyez-en à ma propre expé-
ience.

# DERNIÈRES PLAINTES
## DE SAPHO,

### SUR LE POINT D'ALLER SE PRÉCIPITER DU ROCHER DE LEUCADE.

*Vers envoyés par monsieur de L*** à madame P***.*

OBJET trop cher, qu'appellent tous mes vœux ;
Toi dont mon cœur a trop goûté les charmes,
PHAON, pourquoi te soustraire à mes feux !
Ah ! viens au moins, viens recueillir mes larmes.
O mon amant ! elles coulent pour toi
Et sont toujours l'effet de ma tendresse ;
Oui, tout cruel que tu fus envers moi,
Mon cœur encore y trouve de l'ivresse.

La nuit, le jour, en tous lieux, en tous tems,
Devant mes yeux et surtout dans mon âme,
Ton image est le plaisir de mes sens
Et l'aliment d'une éternelle flâme.
Objet trop cher, qu'appellent tous mes vœux,
Toi dont mon cœur a trop goûté les charmes,
Phaon, pourquoi te soustraire à mes feux !
Ah ! viens au moins, viens recueillir mes larmes.

Sur le gazon, qu'avec toi je foulais,
En délirant je recherche tes traces ;
Mais ce gazon sans toi n'a plus d'attraits ;
Nature entière elle-même est sans graces.
Objet trop cher, qu'appellent tous mes vœux,
Toi dont mon cœur a trop goûté les charmes,
Phaon pourquoi te soustraire à mes feux !
Ah ! viens au moins, viens recueillir mes larmes.

Quand je chantais, ô tendre souvenir !
Mille baisers me marquaient ton ivresse ;
Ne puis-je plus aujourd'hui t'attendrir ?
Mes vers n'ont-ils plus rien qui t'intéresse ?
Objet trop cher, qu'appellent tous mes vœux,
Toi dont mon cœur a trop goûté les charmes,
Phaon, pourquoi te soustraire à mes feux !
Ah ! viens au moins, viens recueillir mes larmes.

Fuis ce parjure , amour , sois mon vengeur ;

Haï de tout , qu'il n'aime rien lui-même ;

Non , non , punis tous les torts de son cœur

En l'envoyant me répéter qu'il m'aime. , . . ,

Mais je l'attends depuis longtems en vain ;

Loin de SAPHO , puisque PHAON demeure ,

Flots bienfaisans , ouvrez-moi votre sein ;

Loin de PHAON , il faut que SAPHO meure,

## E N V O I.

CHARMANTE auteur , femme charmante ;
Pardon qu'une muse ignorante
Offre des vers de sa façon
A vous , l'élève d'Apollon ,
Qui sentez comme Anacréon ,
Et versifiez comme Voltaire.
C'est au moins être téméraire ;
Mais les grands talens d'ordinaire
Pour les petits sont indulgens.
Aussi dites-moi : *j'y consens* ,
Et j'envoie à votre censure
Deux ou trois malheureux enfans
Qui n'ont ni façon , ni tournure ,
Mais qui pourront prendre figure
Sous vos regards bienfaisans,

## *Lettre de madame O * * * à madame M * * *.*

ENFIN, ma petite, je viens de céder à ma sœur le marquis de D***. Ce n'est pas cependant que mon mari ait paru mécontent des bontés que j'avais pour lui : non, j'ai tellement réussi à lui monter la tête sur la noblesse, qu'il ne voit rien que d'honorable dans mes infidélités. Mais entre nous, le marquis était bon , quand il n'y avait guères que lui. Aujourd'hui que la noblesse n'est plus proscrite , et qu'il m'a été permis de faire un choix, j'ai donné la préférence au jeune baron de S*** qui est bien l'homme le plus distingué , le chevalier le plus aimable que j'aie vu. Il joue à merveille son rôle auprès de mon mari, et n'oublie jamais de mettre la particule avant son nom. Cela sied si bien, cela a tant de grâces et ajoute tellement

tellement à l'éclat d'une société, que je qualifie de même tous ceux que j'admets à la mienne ; et malheur à l'individu qui s'y présente, si les convenances ne me permettent pas de lui donner le *de*. J'ai pour lui si peu d'égards, je lui parle avec un tel dédain, que je le force à se retirer.... Ma chère petite, comme ta maison serait aimable, si tu voulais la monter sur le même pied ! Quoique le bon ton me commande de n'arriver chez toi que bien tard, j'y vais toujours avec plaisir ; mais ce serait bien autre chose, si l'air de la roture y dominait moins. Adieu ; pardonne-moi cette franchise, et viens ce soir souper avec nous. J'ai le marquis de C***, le baron de T***, le comte de P***, le chevalier d'A***, le vicomte de M***, leurs excellenees les ambassadeurs, etc., etc. ; enfin bonne compagnie. Je t'attends et t'embrasse.

F.

*P. S.* Je suis furieuse : j'ai envoyé le gouverneur de mes enfans chez ma couturière et ma marchande de modes ; ce musard ne revient pas, de sorte que j'ignore encore où en sont ma robe et mon chapeau. Oh ! qu'ils sont lourds et mal-adroits, tous ces gouverneurs !

## *Lettre de monsieur N*** à monsieur de K***.*

S*** vient d'arriver. Tu sais que mis hors la loi sous Roberspierre, il avait été obligé de s'enfuir, et tu te rappelles à son égard la conduite de ce républicain, qui n'a fait que paraître au ministère de la police. Pour le coup les basses cajoleries de madame de G*** n'eurent pas leur effet accoutumé. Elle descendit, descendit si bas que le ministre éphémère n'aperçut plus l'illustre duchesse, et qu'au lieu d'accorder au proscrit la liberté qu'elle sollicitait pour lui, il envoya ordre de l'arrêter, quelque part qu'il se montrât du territoire français...... Mais que te contai-je une histoire que tu sais tout aussi bien que moi..... Parlons de son retour dont tu ignores les détails. Un peintre qui fut célèbre, avait signalé son attachement à cette famille par un tableau emblêmatique de l'espérance réalisée. Tout respirait le bonheur et la joie. La vieille madame de G*** son ancienne maîtresse, recherchait avec inquiétude dans son miroir ce que les débris de ses grâces pouvaient encore lui promettre de son ancien chevalier. L'aînée de ses filles, qu'il reconnaît pour la sienne, était rayonnante de piété filiale ; la cadette dont l'existence est au moins problêmatique, était plus froide. Sa femme singeait assez bien l'empressement ; mais elle avait à ses côtés cette petite Eugénie, qu'elle avait eue pendant la crise révolutionnaire, les uns disent de ce Suédois, qu'elle appelait *son beau régicide*, les autres d'un certain jeune homme assez sot ; et ce cort     hège l'embarrassait un peu. Tout cependant se passa à merveille. Après les baisers de la vieille, de la jeune et des enfans, Eugénie sauta au cou de S*** en lui présentant une poire qu'elle dit lui garder depuis huit jours. Le bon homme la prit sans grande démonstration, ( car il se doutait bien que ce pouvait être une poire d'angoisse ) et j'ignore quelles furent les questions et les réponses qui suivirent ce présent. Tout ce que je sais, c'est qu'il ne demeure pas avec sa femme, et qu'il n'attend qu'un événement pour mettre entr'elle et lui une éternelle barrière. Adieu, viens me voir.

## *Lettre de madame B*** à madame G***.*

Voulez-vous me faire un grand plaisir, ma petite belle. Vous savez tout ce que j'ai souffert du départ de M. de C***, et le ravage que cet évènement a fait sur ma figure..... Je renaissais cependant, et l'apparence d'une nouvelle aventure rendait à mes yeux leur langage éveillé, et à ma démarche, cette recherche de volupté qu'on dit qu'elle exprime.....: Hélas! ce bonheur n'a pas été long : un ordre du gouvernement vient d'envoyer mon ami à Amiens, et je me trouve réduite pour toute nourriture à l'ordinaire de la poste..... Au moins si je pouvais en user en liberté...... Mais vous connaissez la double gêne qui m'obsède..... Puis-je compter, ma belle, sur votre complaisante discrétion? Je vous rendrais si volontiers

pareil service!.... Aussi pourquoi M.
B*** est-il si maussade, si ennuyeux,
si bourru ! Je m'embarrasse bien de
tous ces dons qu'il me prodigue, de
toutes ces frivolités dont il voudrait
m'amuser. Puisqu'il me refuse ces caresses, ces minauderies voluptueuses
qui sont l'unique objet de mes désirs,
j'aimerais autant retourner à mon premier mari : au moins il me ferait de
la musique. Adieu, ma belle, je vous
embrasse bien, bien.... C'est joli çà,
n'est-ce pas ?

### *Lettre de monsieur de F*** à monsieur J***.*

Oh ! le bon tan est pacé, mon cher
J***, ces moi qui vou le di. Ont ne
gagnes plu rien sur les fournitur......
Je croyait cependan avoir fai un mar-
chet dor tou ta lheure, mai zil n'é-
tais pas conclut quune laitre du gou-
verneman en me forsan tà mettre plu

de précizion dans le traité, la raugné de moitié. Baucou de maus et peut de profi, voilà note devise actuelle-man. En attendan, vou vou zamusé, vou dancé, vou joué la comédi. Vou zêtes les eureux, et jaimerait bien nautan être avec vous quici. Jéviterais toutefoi ces movaise plaisanterie dont ton parsaime quelque comédie bourjoise. Aumóin ne devriont-nou pas nou déchiré nou-maime, et quan til est question de fortune acquize, glicer et ne pas appuié. Autreman ces donné la verge pour nous fouaté, ou comme on di, cracher en lair, pourque ça nous retombe sur le né. Répandé, S. V. P., ses réflaixion dans note société, car je c de bonne par quelle a fai rire à nos dépan. Aussi vaudrait til mieu samuzer à autre chauz k faire ou à joué des comédie. Rat pelé vou sel qui fut joué il y a bien des moi ché madame O***. Combien lon nen na ri : lune avec ces syeux effronté,

sa longue figur enluminé avoi tu**n**
aire de servante de cabaret, et croiait
têtre une jolie soubrette ; lautre en
sautillant cimaginais faire lamanthe
pacioné, et étai froide comme une
chène de puit ; son mari avai tune roi-
deur à faire crevé : sel-ci sifflai comme
un cerpan, levai fiéreman son né ron,
et tandi quel navai retracé que la kari-
katur de ses propre défo, elle quita la
seine avec l'opignon quel avait égalé
madame Duchénoi, supacé peu têtre :
que c-je dont son orgueil est kapa-
ble. Je ne pouce pas plu loin le dé-
taille, mai cil vou zen souvien come
moi, cétait quomic, et cela nou za
lontan diverti. Mes bon zami, ne praî-
ton pas zau maîme ridicul, et choizis-
son des plésir moin savan.

Adieu. Je vous salus.

## *Lettre de madame V*** à madame F***.*

JE viens, mon amie, vous confier de grands chagrins. Ma vieillesse est déshonorée par l'inconduite de mes enfans. Depuis long-tems le goût trop ardent de ma fille pour la musique m'était suspect, et j'ai fini par me convaincre que les leçons n'étaient plus qu'un subterfuge de l'amour. Le croirez-vous ? Le crime, la bassesse de cette inclination, la voix, les larmes de sa mère n'ont rien pu sur le cœur de ma malheureuse Alexandrine, et elle a porté jusqu'au divorce avec son mari l'entêtement de sa perversité, le scandale de sa passion et l'opprobre de mes vieux ans. O douleur ! Je pleurais encore sur cette honte, quand mon fils est venu accroître des maux que je croyais à leur dernier période. Il a allié la noble

pureté du sang de M. V*** au sang
impur d'une femme perdue de mœurs
et de réputation. Le souvenir glorieux
de son père, les égards qu'il devait à
sa place , et qu'il se devait à lui-
même, le respect d'une mère qui in-
cline vers la tombe..... Rien n'a re-
tenu son emportement...... O mon
amie! pour ainsi dire sous mes yeux,
ma fille est dans les bras d'un jeune
libertin, et mon fils , dans ceux de la
plus vile créature. Y a-t-il ignominie
semblable à la mienne ?..... Si ce n'est
pas une punition du ciel , quelle
épreuve , chère amie, quelle pénible
et douloureuse épreuve !.... Je suc-
combe , et mes larmes arrêtent ma
plume. Venez, je vous en conjure, me
donner les consolations de l'amitié.....
Hélas ! je ne puis plus prétendre à
celles de la piété filiale.

## *Lettre de monsieur T * * * à monsieur W * * *.*

Y A-T-IL long-tems, cher ami, que tu n'as vu ce mauvais petit gascon de E*** débarqué à Paris sans un sou, et qui occupe aujourd'hui un superbe hôtel. Il m'invita hier à une soirée qu'il donnait à quelques ministres : rien que cette invitation me surprit si fort et me parut si drôle, que je m'y rendis, je t'avoue, uniquement pour m'assurer si ce n'était pas encore là une gasconade de sa façon. Mais il ne m'en avait, ma foi, point imposé. Je trouvai réunis chez lui tous les gens en faveur, toutes les personnes titrées, toutes les jolies femmes, en un mot l'apparence du crédit le plus puissant, le faste de la richesse et les manières de la bonne société. Je ne pouvais en croire à mes yeux. Je savais bien que son mariage avec la fille naturelle de M. de M*** l'avait mis en grande faveur dans la maison G***, et que chargé de l'administration des biens de la libertine madame P***, il les avait si bien gérés, qu'elle avait fini par aller à pied, et lui vendre à lui-même sa voiture et ses chevaux. Mais cela ne me paraissait pas avoir pu l'enrichir au point que je voyais. Je brûlais cependant d'avoir le mot de l'énigme; enfin je l'eus: un jeune homme qui m'avait l'air de sourire ironiquement à tout le luxe de la maison, me dit tout bas que par protection il avait été fournisseur à l'armée d'Italie. Ce mot seul était plus que suffisant pour me satisfaire et me dispenser des détails : aussi la conversation en finit-elle là. O le bon métier, mon ami ! Quel dommage que le gouvernement y ait mis ordre ! Je crois que nous n'aurions rien de mieux à faire. Adieu.

## *Lettre de madame de B*** à monsieur L***.*

JE suis désespérée , mon cher Alexandre ; depuis quelque tems V*** s'est refroidi d'une manière qui m'affecte singulièrement. Dans ses procédés plus d'attentions , dans ses propos plus de tendresse , et dans son cœur plus rien , non , plus rien pour son amie. Il vient même de me renvoyer la clef, qui par mon jardin le conduisait secrètement à ma chambre. La voilà que je joins à cette lettre. Après tout ce que je lui ai sacrifié , tout ce qu'il m'a fait éprouver d'inquiétudes , tout ce que je lui ai procuré de bonheur, devais-je m'attendre à une séparation doublement cruelle par l'humiliante facilité qu'il y a mise, et par le vide affreux qu'elle laisse dans un cœur malheureusement trop tendre. Je vous implore ,

ô vous le confident de nos amours,
ramenez-moi votre ami. Que nos seins
palpitent encore l'un contre l'autre,
et que les douces émotions de son
cœur compriment les brûlantes agi-
tations du mien. Je n'ai point mérité ses dédains, son aversion; je ne
veux point du signe de notre rup-
ture; qu'il reprenne cette clef qui fut
si souvent pour tous deux celle du
bonheur et de la volupté..... Cependant, cher ami, ménagez mon amour-
propre. Un retour prononcé de ma
part le rendrait plus fier, sans le rendre plus tendre, et moi-même je finirais peut-être par moins chérir l'a-
mant, que je n'aurais retrouvé qu'en
perdant les illusions les plus chères
à notre sexe. Pour éviter ce double
danger, ne pourriez-vous pas lui dire
que m'étant venu voir hier, vous aper-
çûtes, à votre grand étonnement,
cette clef sur ma cheminée; qu'à l'instant vous la reconnûtes pour celle

que je lui avais confiée, et que craignant que je n'abusâsse de cet oubli
pour m'amuser quelque tems des pri-
vations qui devaient lui en revenir,
vous aviez cru que c'était l'obliger que
de la soustraire adroitement et la lui
rapporter. Je ne sais si ce moyen con-
cilie ce que je dois à ma propre fierté,
avec ce que je voudrais cependant
accorder à l'amour ; mais je vous en
prie, ayez de la raison pour moi, et
donnez aux intérêts de mon bonheur
ce soin, cette réflexion, cette adresse
que vous mettriez dans la plus sé-
rieuse négociation. Vous le savez :
nous autres femmes nous n'avons rien
de plus important que les affaires de
cœur. Adieu ; tout à vous.

### *Lettre de madame M*** à madame V***.*

JE dînai hier, ma chère amie, chez
madame G***. Je ne puis vous dire la
chère qu'on y fait. On est tout étonné

de voir une petite femme bien laide,
à la face toujours bourgeonnée, aux
cheveux bien roides, représenter, avec
de petites robes de toile, ou mal faites
ou mal mises, à cette table somptueuse.
On dit à la vérité que c'est la plus
grosse dépense de la maison, qu'elle
l'aime par dessus tout, et que même
elle boit bien ; mais je ne sais trop
à quoi attribuer cette préférence. Quelques-uns pensent que c'est pour satisfaire à cet esprit de domination qui
la travaille. En effet, quand elle est
ainsi au milieu d'une table bien gar-
nie. dont elle fait les honneurs, elle
semble croire que sans elle les aimables qui y sont assis, ne vivraient
pas ou vivraient mal. Aussi quelle
dignité elle met à leur distribuer
la nourriture ! Comme elle se re-
dresse, quand il arrive un gros bro-
chet, un large turbot, ou une belle
carpe ! Comme elle souritavec complaisance aux félicitations qu'elle reçoit

En un mot, elle règne et elle est heureuse. A la fin du repas elle jette son coup-d'œil de prédilection sur deux ou trois personnages qu'elle affectionne, et quand elle voit qu'ils ne mangent plus, elle se lève : tant pis pour les autres. De-là elle passe dans son modeste salon où elle reçoit le prix de la splendide profusion avec laquelle elle vient de traiter, c'est-à-dire, qu'on souffre ses impertinences, qu'on lui baise les mains, et qu'on lui rend des soins à proportion des mets qu'on a comptés sur la table, et des instances qu'elle a faites pour qu'on en mangeât. Autrement vous pensez bien qu'avec sa mine revêche, sa pruderie affectée, son penchant à la cenure, elle ne recevrait guères de galanteries. Pour moi, chère amie, je m'effraie toujours, quand je l'aborde ou que je la quitte. Elle a toujours une deur vineuse, qui repousse le baiser, et cependant il faut bien lui en don-

ner un. Au reste depuis quelques tems
j'ai secoué le cérémonial : je lui fais
toujours l'air le plus gracieux, mais
je ne l'embrasse plus. Adieu ; ces détails m'ont mené beaucoup plus loin
que je ne pensais, et il est l'heure de
me mettre au lit. Si cependant vous
n'êtes pas satisfaite, adressez-vous au
jeune F***. Vous savez comme il est
original et libre dans ses discours : il
ne tarit pas sur le compte de celle dont
nous parlons. Je vous embrasse.

*Lettre de monsieur R*** à madame
D * * *.*

JE suis extrêmement touché de ce
qui vous arrive, madame ; mais aussi
permettez-moi de vous répéter les re
proches que je vous ai déjà faits tan
de fois. Quelle est cette manière d'al
ler ainsi vous mettre en embuscad
aux tuileries pour jeter non pas l
gant, mais des louis au cavalier qu

vous plaît ? Quel fruit avez-vous retiré jusqu'à présent de ces plaisirs
que vous achetez ? Hélas ! souffrez ,
madame, un détail humiliant et dont
l'affreuse vérité devrait vous anéantir.
L'un vous insulte au milieu de la nuit ,
en prétextant un dégoût subit qui l'ar-
rache à jamais de vos bras ; un autre
plus respectueux peut - être , mais
atroce et perfide , empoisonne chez
vous les sources du bonheur et de la
vie ; et un troisième vous emporte mille
écus que vous lui confiez en billets de
banque, pour aller chercher des es-
pèces. Il n'y a que F*** qui a dépensé
votre argent sans vous faire de mal ;
mais si la conduite des autres ne vous
corrige pas, je vous plains, madame,
et ne puis plus me mêler de vos intérêts. Qu'elle est misérable la femme,
à qui il faut, pour devenir sage, les leçons que vous recevez ! Adieu.

*Lettre de madame R * ** à madame M * **.*

POUR cette fois Delphine perd la tête, chère amie; elle ne se met plus en peine de cacher son inclination pour Charles. Imagine-toi grande compagnie chez elle, la porte de son boudoir ouverte, et au milieu un superbe grenadier. Si tu avais vu avec quelle complaisance elle le faisait admirer. C'étaient des détails, des élans de passion pour les fleurs, un flux de paroles.... Chaque personne qui entrait était condamnée à entendre la litanie, et chaque fois qu'elle la répétait, un coup-d'œil de faveur désignait et récompensait le bien-aimé qui lui avait donné le charmant arbuste. — Et son mari, que disait-il ? — Bath, son mari. Il aime mieux, dit-on, les infidélités de sa femme, que le plus mince déboursé. Aussi Charles n'arrive-t-il jamais les mains vides. C'est un beau cœur de diamans, ce sont des perles, des fleurs, des vases, des camées, des antiques, tous ces riens dispendieux dont les jolies femmes ont besoin. Aujourd'hui une chose, demain une autre ; et à ce prix il soupire impunément les trois quarts de sa vie aux genoux de sa petite belle. Je ne suis qu'une femme, moi, mais il n'y a pas d'attentions qui pourraient me fermer les yeux comme à son mari. J'aimerais mieux n'avoir ni acajou, ni paix chez moi que de devenir, comme il l'est, la risée du public et la fable des cercles. Je suis même si indignée de la conduite de la femme et de la sotte facilité du mari, que sans des raisons de famille, je ne remettrais pas les pieds chez eux. Après cela fais-en ta société, toi, et prends-en ouvertement la défense. Adieu.

### *Lettre de M. Etienne Rapin à son frère, perruquier-coiffeur.*

MON CHÈRE FRAIRE

CES lines son poure te dire que tu alle au ressut de la praisante cheux M. Lefèvre, marchant de bois, que tu sai ben qui demeur rue Saint-Paul, que je veut bien y séder les fagos pour come je somme convenut, si je voulait à 36 liv. du sent de fagot. Je te diray, parseque monsieur pourais ben nariver, je voudrai fair set afaire tout de suite, de peure que monsieur vienne à voire que j'ons fai se cou de comerse. De manière comme ça qui ny voira rien du tout. Tu ly dirat qu'il fasse enlevé la marchandise tout de suite. Qu'il écrife à M. Poirsin qui me remaîtra l'argeant, quest son homme d'affaire. Je te baise et ma fame auci qui te fais beaucoup d'amitié. En atan-

ant ta réponce, je te pries de nou do-
ter tout de suite de tes nouvel.

Ton bon fraire et amit

ETIENNE RAPIN.

Chevilli, le quatre flaurial.


*Vers de M. de N*** à mademoiselle
Alexandrine C***.*

Vous voulez donc , charmante ALEXANDRINE ,
Que dans mes vers je peigne l'Amitié ;
C'est exiger au moins trop de moitié.
Pensez qu'elle est de céleste origine ,
Qu'il faut pour elle une muse divine ,
Et que la mienne est à faire pitié.
J'ai cependant recueilli pour vous plaire
Par-ci, par-là quelques-uns de ces traits ;
Car vous saurez qu'il n'est pas ordinaire
De les trouver ensemble et sur-tout vrais.
Pour exprimer son teint et sa fraicheur ,
La rose m'a fourni la ressemblance.
Son air naïf, son aimable candeur ,
Je les ai pris sur le front de l'enfance.
C'est le seul âge où j'ai pu rencontrer

A l'Amitié quelque trait convenable ;
Les autres n'ont rien à lui comparer :
Tout est chez eux trop faux ou trop coupable.
Aussi ( sans faire ici le raisonnable )
Pour retracer ses vertus et ses mœurs,
Il m'a fallu recourir à la fable ,
Et sans Pallas je manquais de couleurs.
Heureusement que chez cette déesse
J'ai retrouvé son esprit et son cœur ,
Ses goûts toujours soumis à la sagesse ,
Son caractère et toute sa douceur.
Mais je vous trompe , aimable ALEXANDRINE ;
Et chaque trait sur vous est copié :
Qui vous connaît , goûte au moins l'amitié.....
Aussi mon cœur..... le reste se divine.

## *Lettre de monsieur F*** à madam R***.*

COMMENT pouvez-vous juger , ma
dame , votre conduite à mon égar
un chef-d'œuvre de délicatesse ?
faut que vous soyez bien sujette
vous faire illusion sur ce qui vou
touche. Voulez-vous me permettre
moi de l'apprécier cette conduite

do

dont votre art voudrait tirer avantage ?
Deux mots me suffiront pour la ca-
ractériser : elle est frappée au coin de
la plus atroce perfidie. L'expression
est forte, mais elle est juste. Quoi !
au moment que vous avez marqué
vous-même pour couronner un amour
dont vous reçûtes l'expression avec
tant de complaisance , un retour inat-
tendu vous fait substituer sans remords l'embarras , le désespoir, l'hor-
reur de la présence d'un époux , et
vous appelez cela de la délicatesse !
Mais au moins fallait-il m'éviter la
honte de tomber dans le piège que
m'avaient tendu vos scrupules hypo-
crites ? Ne pouviez-vous donc me faire
avertir de ce changement de vos dispositions ? Et par respect pour ce que
vous appelez les droits d'un époux ,
votre cœur devait-il consentir jamais
à compromettre les jours d'un amant?
Il n'y a qu'une horrible méchanceté
qui puisse ainsi mettre en présence

deux hommes dont l'un doit être fu-
rieux de l'attentat qu'on veut faire à
son honneur, et l'autre jeté au-delà de
toute modération, soit par la honte
d'être surpris, soit par l'atrocité qui
l'a trahi. Or, vous avez fait tout cela,
madame, et vous l'avez fait avec réflexion. Mais reposez-vous sur moi du
soin de la vengeance. J'ai à présent le
secret de ce prétendu mérite auquel
vous avez aspiré : et il m'est démontré
que vous n'avez voulu dans tout ceci
que me sacrifier à Eugène. Eh bien !
madame, vous ne jouirez pas de cette
odieuse hypocrisie ; et au lieu de ce
mépris que je vous dois, mais qui vous
serait par trop commode, mon œil
irrité surveillera vos démarches, et
ma main vengeresse déchirera le ban-
deau criminel à l'aide duquel vous
avez cru pouvoir tromper sans risque
la bonne foi d'un époux. Le crime ne
doit profiter à personne, et c'est devenir son complice que de le laisser

jouir tranquillement. Adieu, madame,
à jamais, adieu.

## *Lettre de monsieur P *** à monsieur de C ***.*

ET moi aussi, mon ami, j'attacherai mon humble guirlande au myrthe
qui ceint ton front; et si mon hommage n'est pas ce qu'il doit être, ne
t'en prends qu'au poëte. Je n'ai voulu
d'ailleurs, jeunes époux, que chanter votre bonheur et vos vertus : dans
ces momens délicieux où le cœur épa-
noui est tout à la tendresse conju-
gale, j'ai cru ne pouvoir vous être
plus agréable qu'en vous parlant de
vous-mêmes. J'attends, pour réclamer
les droits de l'amitié, que vous ayez
satisfait à tous ceux de l'amour. C'est
alors que je ferai entendre le sentiment qui m'anime. O mes amis ! vous
y serez sensibles, vous l'accueillerez
avec bonté, et le malheur qui me
tient sous sa verge de fer, ne vous

rendra ses accens que plus chers,
plus intéressans.

# EPITHALAME

### Sur le Mariage de M. Arthur de C * * * avec Mademoiselle Annette de G * * *.

CHANTONS l'amour et l'hyménée :
Ces Dieux, enfin d'accord entre eux,
De la plus belle destinée
Ont de concert tissu les nœuds ;
Nature au reste, en cette chaîne,
Outre qu'elle a fourni les fleurs,
Avait d'avance pris la peine
De bien assortir les couleurs.

Dans le lien qui les engage,
ARTHUR, ANNETTE ont enlacé
Avec les roses du jeune âge
Tous les fruits d'un âge avancé.
ARTHUR est sage, ANNETTE est belle ;
Chez eux l'on verra tour-à-tour
L'amour à la vertu fidèle,
La vertu fidèle à l'amour.

BIENTÔT sur le sein de leur mère
Se joueront d'aimables enfans :
Ainsi la tige printanière
Fait éclore boutons charmans.

L'œil plein d'amour, hors de lui-même,
Arthur recherche et trouve en eux
Les traits de la beauté qu'il aime
Et les vertus de ses aïeux.

Couple chéri de la nature,
Quels vœux offrir aux Dieux pour vous!
Deux mots en forment la mesure :
Vivez longtems, jeunes époux.
Des présens que le ciel peut faire,
La vie est toujours le plus beau,
Quand l'amour ouvre la carrière
Et que l'hymen tient le flambeau.

## Lettre de madame F * * * à monsieur C * * *.

C'est fini, mon cher bon ami, nous ne nous verrons plus que dans un changement de scène, qui ne me sera nullement favorable. Mais je ne t'exprimerai point mon chagrin là-dessus, crainte d'augmenter les tiens. Oh ! combien cependant j'avais de choses à te dire, de conseils à te demander ! car ceux que je donnerais à une autre en pareille circonstance, ne me viennent pas même en pensée..... Dieux! il faut que je sois privée d'une dernière jouissance. Je suis triste jusqu'à la mort...... Ah! mon ami, quel moment, quand la raison seule conduit à l'autel. C'est cependant bien l'homme qu'il me faut, mais ce n'est pas celui qui peut occuper mon cœur. J'ai hésité long-tems si je laisserais naître l'amour dans le sien : je craignais la jalousie qui en est compagne, et le désir d'être près de moi, qui aurait attaché un importun à tous mes pas. Toutes ces raisons m'ont fait avoir une réserve si grande; je l'ai tenu à une telle distance de moi, qu'il me croit d'une autre nature que lui; et malgré cela, j'ai manqué mon but. Il est très-amoureux ; il ne peut plus souscrire aux retards que j'apporte sans cesse. Comme le motif qui me les faisait multiplier ( c'était ton voyage ) n'existe plus, je serai docile. Je n'ai même que le tems de recevoir encore une lettre de toi, et je crains bien que

par la suite notre correspondance ne
souffre un peu. Du moins il faudra du
mystère, et tes lettres n'avaient pas
besoin de ce piquant-là pour m'enivrer.
Ne sois pas en peine de celles qui sont
écrites : j'ai des amis véritables ; ils
me conserveront le bonheur de mon
jeune âge, pour embellir par le souvenir les tristes années de la vieillesse.
Oh! mon cher ami, je n'exagère pas :
je tiens à ces gages de notre tendresse
comme à mon existence.... Mais reve-
nons-en aux préparatifs du grand jour.
Sais-tu que ta bouteille ne contient
que de l'onguent miton-mitaine, et
que malgré une assez forte dose, je
suis très-embarrassée. Il faut cependant que rien n'y manque, car il est
prévenu qu'il n'aura pas l'étrenne :
j'ai porté de ton vinaigre dans une
éponge, comme l'imprimé le dit, et
cela ne m'a procuré que de la douleur
et de petits boutons. Tirerai-je plus
d'avantage de la pommade de Fernel ?

G 4

Je n'en sais rien. Oh! qu'on a bien raison de regarder ce bijou comme tout céleste. Une fois envolé, il est difficile de le faire revenir. Si tu découvres quelque spécifique, ne manque pas de m'en instruire. Tu me diras qu'il est bien facile de boucher ce trou-là : oui, mais plaisanterie à part, je voudrais qu'il n'y eût pas de place pour le tuyau d'une plume à écrire. Informe-toi des moyens, je t'en prie, et sur-tout, promptement. Adieu, mon cher minon. Je ne t'écrirai guères que le lendemain du jour fatal, pour soulager mes ennuis.

*Lettre de monsieur T*** à monsieur de L***.*

J'ai rempli la tâche que tu m'avais imposée, mon ami ; et moitié vers, moitié prose, je vais te parler des femmes du jour et de leurs mises. Un

jeune petit maître, lorgnette en main,
ne serait pas de mon avis.

> Rien, selon lui, d'aussi charmant
> Dans l'isle même de Cythère.
> Presque à tout pas, à tout instant
> L'amour ici trouve sa mère.
> Il y voit dans toutes les femmes
> Ses traits, sa taille et sa fraîcheur.....

Mais moi, qui approfondis les choses, qui ne m'en tiens pas à l'écorce,
je dis :

> Ma foi, n'en déplaise à ces dames,
> Ce jugement n'est qu'une erreur.
> Si l'amour fait cette bévue,
> C'est qu'un bandeau couvre ses yeux.
> Et certes jamais bonne vue
> N'aperçut Vénus en ces lieux.

Pour adoucir cependant, par une
juste impartialité, l'apparente rigueur
de cette ironie,

> Je ne saurais disconvenir
> Qu'on y rencontre quelques graces;
> Mais je dois aussi t'avertir
> Que toutes font quelques grimaces,

C'est-à-dire qu'il n'en est point
Dont la toilette, ou la figure
Ne fasse gémir la nature,
Ou ne l'outrage en quelque point,

Et crois bien, cher ami, que je n'exagère pas. Moi aussi, je fus séduit par le rapport mensonger du premier coup-d'œil, et plus d'une fois je me suis écrié : Dieux ! les jolies femmes. Mais

Si j'analyse leurs attraits,
L'art dit qu'il en a fait les frais
Et la nature, peu de chose.
Telle en effet de loin est rose,
Qui n'est qu'un...., l'on m'entend...., de près.
Effilé par plus d'une cause,
Si son visage paraît frais,
C'est que son teint de couperose
Est plâtré d'une forte dose
De blanc, de rouge *et cætera*,
Qui cache les défauts qu'il a.
Et ne crois pas que ce visage
Ait tout au moins ses cinquante ans ;
Non, c'est fillette à son printems,
Qui déshonore ainsi son age.

Deux grands arcs, aussi noirs qu'ébène,
A celle-ci ceignent les yeux ;
Je vois à sa tempe une veine
D'un bleu léger qui fait des mieux :
Quels jolis traits, si la nature
Les avait ainsi nuancés !
Mais c'est encore une imposture,
Et le pinceau les a créés.
Sur ces lèvres dont le corail
Ferait pâlir la rose même,
Et triple la blancheur extrême
De ces dents d'un brillant émail,
L'amant, parjure à sa maîtresse,
Qui cueillerait un seul baiser,
Et qui n'aurait pas la sagesse
Si-tôt après de s'essuyer,
Lui porterait, sans y penser,
L'injure faite à sa tendresse
Ecrite en plus d'une façon
Sur sa bouche ou sur son menton.

Cette imposture des physionomies est même si bien constatée, que je défie les Céladons les plus déterminés de me donner un démenti. Oh ! combien la blancheur naturelle, le vermillon pur de nos paysannes est pré-

férable à ces décorations factices !....
Si les mœurs au moins avaient plus
de franchise et d'ingénuité..... Les
mœurs, mon ami, tu vas les juger.


JE prévois bien que ta critique
Contre ma muse un peu lubrique,
Plus d'une fois pourra crier.
Moi-même en mon humeur pudique,
J'aurais voulu la châtier ;
Mais comment peindre avec décence,
Quand on veut rendre trait pour trait,
Ce qui n'en a point la nuance,
Ni dans l'esprit, ni dans le fait ;
Dans leur maintien, dans leurs paroles,
Ces dames sont plus que frivoles,
Et méconnaissent la pudeur.
Des yeux où le plaisir pétille
Et sollicite un serviteur ;
Des airs d'audace, ou mieux de fille ;
D'ardens désirs, ou de langueur,
Qui vous disent : je m'abandonne,
Recevez-le, je vous le donne.
Une toilette en vérité,
Où chaque forme se dessine ;
Et qui, mieux que la nudité ;

Fait tout l'effet que l'on devine.
Que dis-je ? de la nudité ,
Le plus qu'on peut on la rapproche;
Et sans craindre qu'on me reproche
Un excès de malignité ,
Je crois qu'en elle on s'étudie
A bien nous exprimer l'envie
Qu'on a d'en montrer encor plus.
Et que veut-on que signifie ,
Si-non des projets dissolus ,
Cette manière libertine
De montrer presque toujours nūs
Le bras, l'épaule , la poitrine ,
Et quelquefois un peu plus bas ?
Doit-on nommer chastes appas
Cet art de ne serrer les robes
Qu'à la naissance de ces globes
Qui sont les astres du plaisir ?
Cette recherche de ceinture ,
Qu'on met là moins pour la parure ,
Que pour les faire rebondir ,
Et mieux provoquer le désir ?
Cet autre habillement plus leste
D'un linon fin et le plus clair ,
Ces pantalons couleur de chair ,
Ces.....Mais , ami , sur tout le reste
Ma muse tire le rideau.

Si le faux zèle à son pinceau
En faisait peindre davantage ,
On la dirait aussi peu sage
Que les femmes de son tableau.


Voilà , mon ami, le sexe tel que je le vois ici dans presque tous les rangs , tous les âges. Ce n'est pas qu'il n'y ait encore bien des traits à ajouter , mais dans un pareil sujet , tout est si léger , si subtile , qu'il échappe presque au tact. Cependant je t'en ai assez dit pour que tu pusses apprécier ce qu'il m'a fallu de hardiesse pour satisfaire à tes désirs. Au reste, j'ai compté sur ta discrétion, et j'espère que tu conserveras secrette une esquisse que je n'ai tracée que pour toi. Tu le sais bien : on veut être vicieux, effrontément vicieux, et néanmoins on ne fait pas grâce au sage qui signale le vice, et qui a le courage de dire : il est là. Adieu.

## *Lettre de madame V*** à monsieur L***.*

Le mot mystère m'a choqué, et je l'avoue. Aussi je ne puis commencer ma lettre par une autre phrase. ... Non, mon cher ami, je n'ai aucun mystère, et ma conduite est aussi franche avec toi, que l'explication que je vais te donner. J'aime et je chéris L***. Oui, je l'atteste. Mais, j'ai encore pour lui un sentiment qui me paraît bien sacré, celui d'une profonde estime. L*** ne peut arriver chez moi furtivement. Ce rôle est indigne de lui et de moi. Je gémis au moins autant que lui, de cette cruelle position, et son désespoir a passé dans mon âme. Il faut cependant, cher ami, ne pas nous laisser abattre : nous avons un moyen de nous voir. Occupe-toi d'une chambre, et je m'y rendrai si-tôt que j'aurai un moment. Mais au nom de ton amour

et du mien , calme-toi. N'oublie jamais
que je n'aime que toi au monde , et
que je n'ai plus aucun gage à t'en
donner. Si tu crois que je puisse faire
autre chose, prononce, je t'en conjure :
tu me trouveras toute dévouée.... Ah!
mon ami, si tu savais tout le mal que tu
me fais..... Mais je veux souffrir en secret; voilà la dernière fois que je te par-
lerai de mes peines... Les tiennes m'ac-
cablent mille fois davantage. Je devine à chaque mot de tes lettres la position de ton âme : est-elle affectée ?
Je change de visage ; mon cœur est
resserré. Es-tu gai? La joie brille dans
mes yeux , ma journée est moins agitée , je me répéte à chaque moment :
il est bien aujourd'hui. Voilà , cher
ami, tous mes secrets. Adieu , ménage-
toi, je t'en supplie ; calme ta tête, ne
parle qu'à ton cœur : il sera l'inter-
prète du mien ; il t'assurera de toute
ma tendresse et de mon sincère amour.
Il te répétera que sans cesse je m'oc-

cupe de toi , que je ne perdrai pas une seule occasion de te donner des preuves de tous mes sentimens ; en un mot, trendre ami , il sera ton consolateur et mon juge. Je t'envoie mille caresses bien douces.

*P. S.* Je n'ai pas vu *le corbeau* de la journée : aussi suis-je un peu gaie. Aurait - il hier suivi mes pas ? Tant mieux..... Ne reviendrait-il pas ? Quelle idée charmante ! Dans tous les cas , je n'enverrai pas savoir s'il est mort ou vivant : cela m'intéresse trop peu..... Bon soir , sensible ami , pénère-toi bien de toute ma tendresse et le tous mes sentimens.

*Lettre de monsieur J*** à monsieur D * * *.*

J'eus hier, mon ami, la bonne forune la plus étonnante qui fut possible l'imaginer. Tu connais depuis longtems mon intrigue avec la jeune madame de Saint-H***. Tu sais comme elle est aimable, hardie même dans l'occasion, et cependant quelle résistance elle a toujours opposée à mes désirs. Je me désespérais..... Mais que je fus bien dédommagé dans l'instant même que je m'y attendais le moins. Hier, tandis que nous causions ensemble dans sa chambre à coucher, son mari, dans le salon, accompagnait son Emilie sur le piano. Le bruit des instrumens couvrait nos voix, et ne pouvant guères nous entendre, nous nous fîmes quelques agaceries. Tout en jouant nos têtes s'échauffent, nos sens s'allument : plus de réflexion; soit caprice, soit singularité de l'aventure, madame de Saint-H*** se laisse aller, et me voilà dans ses bras sur le canapé. Figure-toi deux amans qui s'enivrent en mesure, qui précipitent ou rallentissent leurs mouvemens d'accord avec des instrumens. J'ap-

puyais les noirs sur ses yeux , les
blanches sur ses dents, les rondes sur
son sein ; je comptais les soupirs et les
demi-soupirs sur ses lèvres de rose ;
je faisais sentir les pauses par un baiser,
et pour les croches et les doubles croches , tu devines en quoi nous en sui-
vîmes la vitesse. Nous perdîmes même
si peu la mesure , que l'harmonie
forte et compliquée des trois derniers
coups d'archet du mari , marqua précisément pour tous deux l'instant du
bonheur. Nous le goûtâmes dans leur
mélodieux prolongement , et il finit
juste au point d'orgue. *Bravo , bis ,
da capo ;* ces trois mots nous échap-
pèrent encore de concert ; et de rire ,
et puis de rire comme des fous. Nous
avions peine à croire nous-mêmes à
notre audace. — Et cette sonate, vint
nous dire le mari avec un air triom-
phant, comment l'avez-vous trouvée ?
— Délicieuse, monsieur, délicieuse. Il
y a eu un ensemble , une précision ,

une chaleur, une touche, une hardiesse d'exécution admirable. — Je le
crois bien, répliqua-t-il, et je suis
étonné que vous ne vous soyez pas encore donné ce plaisir : il me semble
que c'est la première fois. — Oh! oui,
monsieur, la première fois ; et cependant c'était tout ce que je désirais.
— Vous êtes donc musisien. — Non,
mais qui ne goûterait une pareille harmonie ! — Eh bien, tous les soirs à neuf
heures. — Oui, monsieur, à neuf
heures ; de ma vie je n'oublierai cette
heure-là.—Y a-t-il rien, mon ami, de
plaisant comme cette rouerie et la
conversation qui l'a suivie. J'étouffais ;
j'avais un besoin de rire et de prendre
l'air, qui ne peut se rendre. Ah! je
t'en prie, viens donc rire avec moi.

## *Lettre de mademoiselle D * * **
## *à monsieur F * * *.*

( Apportée de L * * *, par occasion, et remise à la petite Poste, le jour qu'elle fut dévalisée. )

TA lettre m'a donné la joie la plus douce, mon bon ami. Plus de ce maudit voyage et des expressions de feu. Elle a reposé toute la journée d'hier sur mon cœur. Le soir j'ai voulu rester et rester seule. J'ai passé toute la soirée avec toi. Je relisais ta lettre, et à chaque fois, une délicieuse volupté. Ne crois pas, mon cher, que ce soit celle que tu m'as recommandée. Non, c'eût été un sacrilége. C'était l'extase du sentiment; celle des sens n'aurait pu que lui nuire. Je croyais te voir, te parler; triste illusion, quand elle est évanouie. Tu me donnes l'espérance de la réaliser cette automne.... Hélas! ce ne sera encore qu'un éclair de

bonheur, si toutefois le projet s'exé-
cute. Eh bien, cette idée me plaît
tant, que je ne veux pas que rien la
trouble pour le moment. D'ici-là il y a
encore tant de tems pour faire des réflexions ! ah ! mon cher ami, huit jours
de bonheur valent mieux que dix ans
de vie. Je ne te demande donc que
huit jours. Donne - les moi , je t'en
conjure, quand je te le manderai....
Je relis encore ta lettre. Saint-Preux
et Verther ne sentaient pas plus vivement. Ton désordre me plaît, me séduit.... Mais non , je n'ai pas voulu dire
cela. Quand tu voudrais m'attraper ,
tu prendrais ce ton-là. ... Est ce que tu
me tromperas jamais, mon petit ? Non,
je ne le crois pas. Je me défie de tous
les hommes, excepté de toi. Ton amitié
et ta délicatesse me répondent de ta
discrétion et de ta prudence , alors
même que tu croirais avoir à te plain-
dre de moi. Si tu savais comme j'ai été
tourmentée cette nuit. Après m'être

occupée de toi toute la soirée, il n'était pas étonnant que ton image se retraçât à mon esprit pendant mon sommeil ; mais l'ombre de mon papa était présente. Son aspect froid et courroucé m'a glacée de crainte. Ce matin j'en étais encore émue ( 1 ) ; mon Minon, veux-tu me faire une emplette? Je n'en doute pas ; c'est que tu vas rire. La G*** que tu connais bien, a rapporté à Aimée de S***, devine quoi?..., Oh! cela est impossible.... Des totos.... et ... je voudrais en avoir aussi. Une autre femme m'en avait promis pour modèle ; mais un jeune homme qui assistait à sa toilette, a trouvé coïque d'en faire le larcin. Il n'a jamais

( 1 ) La ponctuation n'est pas ici bien exacte, mais c'est pour montrer avec quelle rapidité les femmes passent des réflexions les plus sérieuses aux choses les plus frivoles. Cette transition existe dans l'original , oui dans l'original.

voulu les rendre, et je n'ai pu les avoir. Si tu ne trouve pas trop de difficulté à la chose, tu feras attention, en les choisissant, que je n'en suis pas entièrement dépourvue, et qu'il ne me les faut pas bien gros. Pour ton remerciment, tu les placeras, quand nous nous verrons, ou, si tu l'aimes mieux, tu les déplaceras. Si ce que je te demande n'est pas faisable, tu en seras quitte pour un compliment. Tu me diras que je n'en ai pas besoin; que chacun des miens ressemble au globe sur lequel l'amour apprit la géographie, etc., je prendrai tout cela pour bon. Adieu, mon Fanfan, je t'aime de tout mon cœur.

*Lettre de madame D***** à madame A***.*

J'ÉTAIS perdue hier, ma bonne amie, sans une présence d'esprit dont je ne me serais presque pas crue capable

pable. Monsieur D*** était allé aux bains, et c'est ordinairement une absence de trois heures, sur laquelle je crus pouvoir assez compter, pour en avertir mon petit Victor, qui fut à l'instant dans mes bras. Il n'y avait guères qu'une heure cependant que nous étions heureux, quand ma femme-de-chambre, entrant brusquement : Madame, voici Monsieur. La foudre est moins terrible que ces mots. Assez jeune encore pour n'être pas aguéri, Victor perd la tête et se trouble. Je n'étais pas moi-même bien rassurée ; mais je ne sais quel ange m'inspira sur-le-champ de mettre à profit ce défaut d'un œil qui me rend mon mari si désagréable. « Prends vite » tes habits, dis-je à Victor, et mets- » toi derrière la porte. » A peine il a fait ce que j'ai dit, que Monsieur entre. En ouvrant la porte, il mit à couvert mon petit trembleur, et moi, tout en l'apercevant : Ah ! mon ami,

H

que tu arrives à propos ! je rêvais à l'instant même que tu y voyais des deux yeux. Oui, oui, ce rêve était trop enchanteur pour ne pas être une réalité. En même tems, je lui applique la main sur son bon œil, je fais signe à Victor, qui s'enfuit chez ma femme-de-chambre ; et Monsieur, de m'assurer sérieusement qu'il n'y voyait rien, que j'étais une folle. Bien satisfaite du succès, je me remis au lit avec un air maussade, en disant que j'avais besoin de repos, pour calmer l'agitation, dans laquelle ce malheureux songe m'avait jetée. Tu connais monsieur D***, et tu penses bien qu'il n'osa de la matinée rentrer dans la chambre. Aussi je sonnai promptement Coralie, pour qu'elle ramenât mon Victor ; mais le petit sot était déjà habillé et parti. Jamais, je crois, je ne l'aguérirai. Au reste, il a cela de commun, pour ainsi dire, avec tous les hommes ; et soit instinct de notre faiblesse, soit vivacité de notre esprit, nous, femmes, nous conservons mille fois mieux qu'eux notre sang-froid dans les circonstances périlleuses. Penses-tu, mon amie, qu'aucun homme se serait, dans cette occasion, tiré d'affaire aussi bien que moi. A te dire vrai, cependant, je ne voudrais pas que ma présence d'esprit fût souvent mise à de pareilles épreuves, et je ne m'exposerai plus aussi légèrement.

Adieu, je t'embrasse ; viens dîner avec nous.

## Lettre de monsieur d'E*** à monsieur de M***.

JE ne sais si tu me pardonneras, mon ami, la rouerie que je viens te confier, mais elle est horrible. Rien ne peut même l'excuser que celle qui en est l'objet. Tu connais toute l'atrocité du libertinage de madame de T***. Cette malheureuse, pour se donner dans le monde le relief d'un duel dont elle fut le sujet, n'avait-elle pas imaginé de nous brouiller Alphonse et moi. Dans cette intention, il n'est sorte de rapports outrageans qu'elle ne nous fit alternativement à chacun en particulier. Elle nous avait même tellement exaspérés l'un contre l'autre, qu'en effet nous nous donnâmes le rendez-vous que son féroce amour-propre avait conçu. Mais une explication, qui précéda l'instant de nous battre, nous ouvrit tellement les yeux, que devenus plus amis que jamais, nous formâmes de concert le projet d'une éclatante vengeance. Nous convînmes (j'ose à peine te le dire ) d'empoisonner toutes ses jouissances ; ce qui était beaucoup entreprendre, car elle a tous les goûts dépravés et assouvit de toute manière sa brutalité. Nous fimes même en sorte que dans peu nous nous trouvâmes parfaitement en état d'infliger la peine que nous avions arrêtée ; peine, il est vrai, peu délicate et bien cruelle, dont je n'atténuerai point l'étrange sévérité, et qui ne doit point avoir d'approbateurs. Cependant n'était - ce pas la seule qui convînt aux barbares débauches d'une femme assez effrénée, pour mettre, je ne sais quelle gloire, à teindre du sang de ses amans le myrthe qui ceint son impudique front ? Au surplus nous nous sommes punis nous-mêmes, et moi qui t'écris, il me tarde bien d'être quitte de mes tisannes. Mais cela va à merveille, et mon médecin me promet une prompte et sûre guérison.

Adieu.

# EXTRAIT

## *D'une Lettre de M<sup>lle</sup>. de R*** à M. de S***.*

Tu es donc toujours bien fâché de m'avoir quittée, mon petit ; tant mieux. Tu vas t'égayer au bal ; tant mieux encore. Je suis sûre que partout ta bonne amie est près de toi, et elle regrette bien sincérement d'être trop loin, pour te donner des preuves de sa présence. Par-tout aussi tu es à mes côtés. Dans tous les endroits remarquables, j'entens le *vous d'aime ;* je lui cours après, je le rattrape. J'en ai retrouvés aux Champs-Elysées. Ils s'étaient arrêtés parmi les branches, ils sont revenus résonner à mon oreille. Pourvu que le froid de l'hiver ne les fasse pas sécher, et qu'aux premiers jours du printems je les retrouve encore voltigeant dans les airs. J'irai

bien les rechercher par les belles ge-
lées de janvier, et visiter le dernier
arbre près de l'allée des Veuves. Ah!
que les grands vents le respectent,
mon arbre! il est un monument....
Voilà encore sur ma cheminée les
roses que tu y plaças. Hélas! il n'y a
presque plus que les épines : les feuil-
les sont tombées. C'est un emblème
de ton voyage. Non, les souvenirs
sont quelquefois encore plus doux que
la réalité. On savoure plus longtems.
Il est vrai que souvent aussi on gémit
sur le passé, qui revient, hélas! bien
rarement..... Adieu, mon petit, je te
dévore; je te..... Adieu, mon ami.


*Lettre de monsieur de B * * * à
monsieur de N * * *.*


On a bien raison de le dire, mon ami,
il n'y a rien de sujet à plus de chances
qu'une intrigue avec une demoiselle.
Ma petite Adèle me causa hier une

peur terrible. Pour éviter ces suspen-
sions, qui sauvent, il est vrai, l'honneur
d'une amante, mais qui diminuent le
bonheur de moitié, nous avions employé le moyen si connu d'une éponge,
à laquelle on adapte un ruban. Mais
soit défaut de longueur, soit effet de
nos ébats, celui-ci pénètre, et nous
voilà, je t'assure, bien embarrassés.
J'ai beau le rechercher; impossible de
l'atteindre. Nous étions l'un et l'autre
désespérés. Enfin je m'avise de presser à l'opposé de l'endroit où était
l'éponge, et cela me réussit. Cette
pression la fit avancer assez, pour que
je pusse saisir le malheureux ruban et
la retirer. Combien alors nous fûmes
satisfaits ! mais aussi comme nous nous
sommes promis de prendre mieux à
l'avenir nos précautions ! tu riras, si
tu le veux ; mais la leçon est trop
forte, pour être oubliée, et je suis
bien déterminé à porter la première
fois cinq ou six aunes de rubans, que

j'attacherai aux bronzes de la cou-
chette. Tu ne saurais croire tout ce
que nous avons éprouvé d'inquiétude.
Figure-toi quel eût pu être l'effet
d'une éponge fixée-là. Pour moi, je
croyois déjà mon Adéle morte ; et tu
sais comme elle m'est chère. La bonne
petite ! j'aimerais mieux me priver à
jamais de ses faveurs, que de l'exposer
un instant. Mais j'espère que la longueur projetée de notre ruban obviera
au malheur qui nous a tant effrayés.
En vérité je suis encore tout ému.
Adieu.

*Billet de mademoiselle E****
*à monsieur de V***.*

Viens, bon ami, je suis seule, je
t'attends : mes bras seront étendus vers
toi jusqu'à ce qu'ils t'étreignent. Quel
bonheur nous allons goûter ! j'ai dé-
vancé le moment ; tu m'en sauras bon
gré : j'ai tremblé de venir plus tard.
Il m'a été de toute impossibilité de

t'écrire. J'en suis bien aise à présent. C'eût été pour t'annoncer un délai, et par conséquent autant de rogné sur nos plaisirs..... Je te reverrai ; cette idée brouille toutes les autres dans ma tête..... Je ne sais ce que j'écris même à toi. Tu es étonné que j'aie oublié les *écrevisses.....* Je me suis fait une étude d'oublier le tems où je leur avais trouvé cette propriété. O mon ami, ne te fâche pas, si j'ai voulu tout oublier : j'avais pour ce qui te regarde, trop de regrets à éprouver. Adieu, non point d'adieu, on n'en dit point, quand on doit se voir le surlendemain. Je t'embrasse. Je suis éreintée, j'arrive à l'instant et à pied.

### *Lettre de monsieur de V*** à monsieur de T***.*

CESSE, mon ami, de me persécuter pour ce mariage : il ne peut avoir lieu. Je rends comme toi toute la justice

possible aux talens, aux vertus aimables de monsieur de L***, mais je suis
père, et tout cela n'est pas assez solide, pour que j'aille follement y attacher le bonheur et la destinée de ma
fille. Je pardonne bien cependant à
l'innocence de son âge de s'être laissé
séduire par un imposant appareil de
qualités morales, et d'avoir ouvert son
cœur aux impressions de la vertu.
Mais ce que je ne puis lui passer,
c'est de s'être liée, sans avoir consulté
les intentions, la sagesse et l'expérience de son père. Je lui eusse alors
évité tous les maux qu'elle éprouve,
et maintenant il n'est plus en mon
pouvoir de le faire. L'opulence de
G*** doit nécessairement l'emporter
sur la médiocrité vertueuse de M. de
L***. Je ne connais que les louis,
moi, pour le bonheur, et il n'y a que
cela ; or G*** en a, G*** aura ma
fille. Tu me retraceras peut-être son
caractère dur, impertinent et fier ;

qui mettra sa femme en but à mille violences, mille humiliantes sottises. Mais les défauts ne sont-ils pas le lot de la pauvre humanité ? Ce sera d'ailleurs à la douceur et à la modestie de ma fille à corriger ceux que tu reproches à ce jeune homme. Il n'est point de vices dans un amant qui résistent à une femme, et l'affection de G*** pour Adélaïde est assez bien prononcée. — Mais Adélaïde ne l'aime pas, et ne mettra aucun intérêt à le rendre meilleur. — Eh bien, mon ami, il faut qu'Adélaïde l'aime, il faut qu'elle efface de son cœur celui que la nature y a mis sans mon aveu ; il faut qu'elle sache obéir et condescendre aux volontés de son père. Comptes-tu d'ailleurs pour rien le charme de toutes ces bagatelles qui embelliront sa vie ? Et quelle est la femme qui ne finisse par aimer l'homme à qui elle doit les jouissances de la frivolité et du luxe ? Si le cœur de ma fille leur est inaccessible, son malheur sera la faute de la nature et non pas la mienne, car tu vois qu'ayant tout pesé, tout calculé, il n'est rien sur quoi je n'aie le suffrage de la raison. Ainsi je le répète, mon ami, ou Adélaïde sera madame G***, ou elle restera fille. C'est mon dernier mot. Adieu.

## *Lettre de madame M*** à monsieur F***.*

Comme il n'est bruit, monsieur, que de votre amabilité, permettez-vous que je vous engage à venir passer chez moi les momens de loisir que vous laissent vos occupations. J'ose vous promettre que vous y trouverez les plaisirs les plus variés réunis au plus ardent désir de vous plaire. Je ous salue avec respect,

Femme M***.

# MADRIGAL

## MIS AU BAS DU PORTRAIT DE MADAME M***,

*Et que Monsieur V*** lui envoie.*

AVEC l'amour, l'hymen toujours en guerre,
Aux mains d'un sot avait mis ce portrait :
Tout en était désolé dans Cythère ;
Mais un matin prenant son arc, un trait,
Le petit Dieu vint combattre son frère,
Le mit en fuite avec son protégé :
J'eus le protrait, et l'amour fut vengé.

*Lettre de monsieur D*** à monsieur de N***.*

Tu as tout perdu, cher Alphonse, de ne pas venir au bal de madame de S***. Tu y aurais trouvé tous les plaisirs de ton goût: des talens à admirer, des ridicules à plaisanter. La poésie du mollet de T*** t'aurait fait rire aux larmes. Quand il a fait un pas, ( et tu sais l'appareil qu'il y met ) rien de plaisant comme la vivacité sauvage avec laquelle il recherche l'effet de son talent sur toutes les physionomies. Et puis il faut le voir quitter la place : c'est avec un air de triomphe, unique dans son genre. Il a la tête haute, la voix éteinte, et l'afféterie d'une petite maîtresse. Toutefois il n'oublie pas d'aller à la crédence réparer ses forces poétiques. Hier même il soupa jusqu'à trois fois. Voilà ce qu'il y avait à-peu-près de plus marquant en homme. Mais en femme..... Oh ! jamais tu n'as rien vu comme la jeune Eléphantine. Figure-toi une grosse masse, bien courte, taillée en force de la tête aux pieds. De gros yeux, de grosses lèvres, de gros t....., de gros bras, de grosses cuisses, et tout cela en mouvement sans mesure ni décence ; un air bien cavalier, des pas..... Ah !

Dieux, le plus beau, mon ami, c'était de frapper sans cesse son énorme derrière avec ses larges talons. Ajoute à cela une sueur immonde qui coulait à flots par tous les pores de cet énorme corps, et juge si nous avons dû rire..... Quant aux deux cousines, elles ont développé avec un grand avantage l'élégance et la souplesse de leurs illustres maîtres. Cependant l'excessive fatigue de l'une, qui affectait douloureusement, me fit souvent oublier sa danse; et l'œil assuré, le visage effilé de l'autre, en lui ôtant dans mon esprit les vertus de son âge, dépouilla son talent de tout le charme que j'y eusse trouvé. Je ne les vis guères au surplus que dans une contre-danse où madame de E*** figurait, et tu sais que quand celle-là s'en mêle, ses ridicules, sa contenance cavalière, son œil impérieux, sa tête altière et branlante, sa poitrine osseuse et plate, ses mouvemens toujours sautillans attirent tous les regards, parce qu'en général on aime plus à rire qu'à admirer.... J'aurais encore d'autes détails à te donner, sur-tout si je voulais te promener autour du salon, et te peindre la physionomie froide de madame C***, l'air grimacier de madame M***, le luxe de madame O***, la toilette sans goût de madame A***, la recherche galante de madame B***, la coquette simplicité de madame L*** et l'indécente mise de mademoiselle D***. Mais ces tableaux, tout comiques qu'ils seraient, me mèneraient trop loin, et je les réserve pour la conversation. Adieu.

### *Lettre de madame de Q * * * à monsieur de F * * *.*

Mon bon ami, ta lettre est des plus tristes : tu t'affliges sur moi, tu t'affliges sur toi. Ne te chagrine pour personne. Mon parti est pris : je ne serai pas malheureuse; voilà pour moi. Pour

toi ce mariage ne change rien aux affaires. J'ai cependant fait une sottise,
mais elle est faite ; voici l'état des
choses. J'ai épousé un niais de comédie, bon comme le bon pain, qui
a des défauts dont je saurai tirer parti
dans l'occasion, incapable de tenir
tête à quelqu'un qui saura parler
ferme, et surtout point jaloux, ce
qui est un souci de moins pour moi,
une tranquillité de plus pour lui.
Quant à présent, il n'a d'autre vo-
lonté que la mienne, parce qu'il est
amoureux, ce qui m'ennuie beaucoup, mais il faut patienter : ces cho-
ses-là ne durent pas, et j'en profiterai
pour prendre un ascendant qui durera
toujours. Jusqu'ici, je n'en ai pas eu
la présence d'esprit, parce que j'étais
vraiment au désespoir. Je ne faisais
que le brusquer ou pleurer. Plusieurs
fois il m'y a surprise. Enfin, depuis
quinze jours qu'il est absent, mon esprit a repris son niveau, et je me sens

la force d'être une femme adroite. Tu vois donc que dans tout cela il n'y a pas lieu à te tourmenter. C'est une place, une charge que j'ai achetée, et rien de plus. Pour m'en repentir, c'est de tout mon cœur, cependant cela est sans remède. Tu me donnes d'excellens avis dont je te remercie bien, parce qu'ils t'ont coûté un sacrifice pour les penser et les écrire, mais je n'en mettrai pas un en pratique : je ne peux pas mentir à ce point-là ; je ne peux pas exprimer du plaisir quand je n'en ressens point, et qu'au contraire l'approche d'un serpent me ferait moins frissonner. Sois tranquille : il n'a point pris possession de ma bouche : tu peux encore t'y arrêter en imagination, jusqu'à ce que ce soit en réalité. Dans l'action, je ferme les yeux, je détourne la tête : il s'en plaint ; je répons que je n'aime pas qu'on me souffle dessus, et cela passe. Adieu ; je te chéris.

*P. S.* = J'apprends à l'instant que tu as usé de ruse avec moi. Je ne puis donc plus croire à ce que tu me dis. Oh ! pour te punir, si mon mari était là, je crois que je l'embrasserais : il en serait bien étonné ; cela ne lui est pas encore arrivé.

### *Lettre de monsieur L*** à monsieur d'A***.*

Rassurez-vous, monsieur, je viens vous parler le langage d'un honnête homme. On dit que vous redoutez de vous rencontrer avec moi ; cette idée m'humilie, et je vous jure que de ma part, aucun propos, aucune indiscrétion sur-tout ne vous reprochera ou ne troublera jamais votre bonheur. Je ne l'envie plus ; je ne l'eusse même jamais envié, si dans le principe vous eussiez été plus franc. Mais souvenez-vous de la démarche que vous fîtes à mon égard..... Ah ! pardon ; je ne vous la rappelle, monsieur,

que pour me justifier pleinement auprès de vous. Repassez d'ailleurs, la
conduite que j'ai toujours tenue. Vous
ai-je jamais manqué ? La dernière fois
même que je vous vis, mes manières an-
noncèrent-elles aucun ressentiment ?
Cependant j'étais instruit de votre généreux retour, et je ne crains pas d'a-
vancer que je suis l'homme qui puisse
et qui doive le mieux en apprécier
tout le mérite. Au surplus, pourquoi
vous en voudrais-je ?...... Le croiriez-
vous ? Je n'en veux ici qu'à moi-
même, à mon aveugle tendresse, à
ma sotte crédulité. Pleins d'une estime mutuelle l'un pour l'autre, ne
nous fuyons donc point, n'écoutons
pas l'intérêt qui voudrait nous divi-
ser, et ne cessons jamais d'être hon-
nêtes et délicats. Adieu, monieurs ;
soyez heureux autant qu'il vous est
permis de l'être, et croyez qu'il ne
reste en mon cœur aucun sentiment
déplacé qui puisse vous faire ombrage

ou vous outrager. Je suis même disposé à vous en donner quelque gage que ce soit. Je vous salue avec la plus grande considération.

*Lettre de monsieur de B*** à madame C***.*

JE vous envoie, madame, les bouts-rimés que vous m'aviez donnés à remplir; je doute que vous en soyez satisfaite, mais je compte sur votre indulgence, et sur la bonté de l'excuse que me fournit le peu de tems que vous m'avez laissé. J'en ai fait une petite pastorale que j'intitule : l'*Heure du Berger*.. Puissiez-vous, en la lisant, vous déterminer à en faire l'heure du poëte !

## L'HEURE DU BERGER.

Le jeune ILAS un jour, au bord d'une onde  *pure ,* (1)
Sur le riant tapis d'une tendre  *verdure ,*

---

(1) Toutes ces rimes sont tirées du VI<sup>e</sup>. chant du poëme *des Merveilles de la Nature,*

Attendait son Isis. Ah ! quand l'amour *attend,*
Avec quel intérêt, il compte chaque *instant !*
La belle arrive enfin. Quelle scène *touchante !*
Comme elle est de bonheur et de joie *éclatante !*
Son amant devient feu. Le plus brillant *azur,*
Près de leurs fronts sereins, n'est qu'un nuage *obscur.*
Chacun voudrait à l'autre être plus *agréable,*
Et par plus de gaîté se rendre plus *aimable.*
Ils le jurent cent fois : leurs feux seront *constans*
Ils s'aimeront encòr, même au-delà des *tems......*
Ces sermens sont suivis de caresses *piquantes,*
Que la volupté rend de plus en plus *ardentes.*
De l'œil et de la main du berger *adoré*
Isis souffre que rien ne soit plus *révéré :*
A ses brûlans transports elle livre ses *charmes,*
Et, contre ce qu'il veut, sa pudeur n'a plus d' *armes......*
Après mille baisers, l'haleine des *zéphirs*
Vient doucement calmer, éteindre leurs *désirs.*
L'heure enfin des adieux, pour tous les deux *terrible,*
Sonne..... La tendre Isis quitte ce lieu *paisible*
Qui vit, pour son ILAS, ses traits *s'épanouir.*
ILAS reste, et serait même heureux d'y *mourir.*

Eh bien, madame, ces voluptés champêtres, ces caresses piquantes, ces brûlans transports, cette pudeur

---

et ont été en effet données à l'éditeur comme *Bouts-rimés.*

désarmée , ces désirs éteints par la douce haleine des zéphirs, tout cela vous a-t-il un peu électrisée? Avez-vous quelques étincelles de bonheur à me communiquer ! Ce serait bien généreusement récompenser mes pauvres vers. Mais je ne sais , votre conducteur ne reçoit pas aisément la matière électrique...... Ah ! n'importe, votre âme est toujours pleine de feu , et le sentiment vaut mieux que tous les plaisirs , fussent - ils même ceux d'Ilas et d'Isis. Adieu , madame , croyez à toute mon affection.

*Lettre de madame V*** à monsieur de P***.*

C'est bien mal , monsieur : vous allez disant partout que je suis, dans le tête-à-tête, d'une froideur extrême , et que je ne sais point répondre aux caresses de la volupté. Il est bien dur de s'entendre calomnier ainsi. Vous me faites-

là

là une jolie réputation. Mais vous-
même, vous croyez-vous un Hercule?
Personne ne sait mieux que moi qu'en
penser; et ne vous en déplaise, mon
beau monsieur, il s'en faut tout que
vous soyez aussi fougueux, aussi in-
fatigable que je pourrais le supporter.
Mais voilà les hommes. Toujours in-
justes à notre egard; il n'y a pas jusqu'à
leur propre faiblesse qu'ils ne rejet-
tent sur le compte de la nôtre. Il faut
que nous nous privions aussi long-
tems que cela leur convient ; et si,
quand le caprice les en prend, nous
ne répondons pas avec intempérance
à leur ardeur, nous sommes maus-
sades et froides. Vous venez d'être malade pendant quinze jours, il m'a bien
fallu supporter le supplice de cette
continence, et je l'ai fait sans me plain-
dre. Croyez-vous que dans ce long
intervalle, je n'aie pas éprouvé des
désirs ? Allez, vous êtes au moins dix
fois plus maussade que moi , et je

I

vous citerais plus d'un appel inutile que j'ai fait à vos forces. Parlez-moi de T***, c'est lui qui est un chevalier vigoureux ; demandez - en des nouvelles à cette aimable belle qui vous intéresse tant aujourd'hui. Elle vous dira ce qu'il sait faire, et le récit de ses prouesses corrigera peut-être votre amour - propre. Au surplus vous devez prendre à présent si peu d'intérêt à mes facultés, quelles qu'elles puissent être, que je vous prie de les oublier et de n'en parler jamais. Il est vrai que je viens moi-même de rompre le silence que je me suis prescrit à votre égard ; mais vos injurieuses déclamations m'y ont forcée. Adieu.

*Lettre de monsieur T*** à madame de G * * *.*

JE ne puis absolument pas faire, chère amie, l'étrange commission que vous me donnez. Le bruit s'en est répandu à Cythère, et y a tout mis en combustion. On dit qu'alors l'aimable reine de ces lieux, dans un grand conseil d'état, se faisait représenter les registres galans des beautés sur qui elle pouvait compter encore pour la gloire et le soutien de sa couronne. Mais cette nouvelle suspendit l'intéressant dénombrement, et il n'y eut qu'une voix pour crier à la calomnie, à l'injure. Vous ne savez pas quel a été votre dénonciateur; vous devriez cependant bien vous en douter : il n'y a que l'Amour qui puisse s'intéresser à ce que vous ne surchargiez pas les dons qu'il vous a faits, des mensongères ressources de l'art. Aussi est-ce lui qui a dénoncé votre intention et mes recherches. Du moins voici la chose telle qu'une échappée du Parnasse est venue me la raconter, et vous savez qu'au Parnasse, on sait tout.

# PLAINTE

## DE L'AMOUR A SA MÈRE.

LE petit Dieu qui maintient sur la terre
Les ris, les jeux, le bonheur, les plaisirs,
S'en vint un jour, le cœur gros de soupirs,
Les yeux en pleurs, au palais de sa mère.
Vénus alors, sous un dais de verdure,
Qu'embellissaient la rose et le jasmin,
De ses états, une carte à la main,
Songeait aux soins de sa grandeur future.
Près d'elle étaient les grâces demi-nues,
Disant par fois de naïves gaités,
En lui montrant le rouleau des beautés
Qui lui restaient ou qu'elle avait perdues.
Combien, qu'on voit se flatter d'être belles,
Ou qui, pour l'être, épuisent leur cerveau,
Auraient appris, en lisant ce rouleau,
Que dans Cythère on n'attend plus rien d'elles !
On en était aux grâces citadines,
Numéro deux, lettre A, ville de C***,
Quand l'amour vint, grièvement blessé,
Faire éclater ces plaintes enfantines :
« Ah ! c'en est fait ; nous n'avons plus, ma mère,
» ni cœurs, ni gloire en ces lieux à gagner.
» La nymphe, hélas ! qui t'y faisait régner,

» De l'art aussi devient la tributaire,
» Aujourd'hui même , étant à sa toilette ,
» J'y remarquai deux globes monstrueux ,
» Qu'elle ajustait à la place de ceux
» Dont la nature a pourvu la coquette,
» Tu m'avais dit ( et j'en crus ta promesse )
» Que d'une fleur ses grâces , sa beauté
» Auraient l'éclat , non la fragilité. . . . . .
» Est-ce sa faute , ou la tienne, déesse ?
» L'âge déjà l'aurait-il offensée ?
» Ou ne serait-ce en effet , de sa part ,
» Qu'un faux calcul sur les secours de l'art ?
» Je l'aurais crue au moins bien plus sensée..... »
Ici soudain , un doux et long murmure
Interrompit le petit orateur.
On entendit les grâces , pour leur sœur ,
Crier ensemble : à l'injure , à l'injure.
Chacune alors de chanter ses conquêtes,
Son art de plaire et de n'y penser pas.
Chacune aussi d'engager ses appas,
Que faux attraits n'étaient-là qu'amusettes.
Mais reprenant la suite de sa plume :
« Comment veux-tu , ma mère , dit l'amour,
» Que la nature embellisse ta cour,
» Quand ses chefs-d'œuvre sur ton ordre [illegible] ?
» Aussi combien [illegible]
» Un si beau sein , [illegible]

» sur qui j'avais épuisé mon talent,

» Et dont la forme était si bien moulée. . . . .

» Un sein.. Ah! dieux!.. Ma mère... quand on pense

» Que de succès.... » L'amour ne put finir.

L'émotion, un pénible soupir

Vint brusquement le forcer au silence.

« Calmez, mon fils, cette douleur amère,

» Reprit Vénus en effeuillant des fleurs

» Sur un osier, pour essuyer ses pleurs;

» Votre zèle est bien cher à votre mère.

» Mais croyez-en ce qu'on vient de vous dire;

» Croyez que celle à qui j'ai, dans ces lieux,

» Abandonné nos destins glorieux,

» Au naturel s'en tient seul pour séduire.

» Ce qui vous fâche était un badinage.

» Elle sait bien que de son sein jamais,

» L'art ne pourrait remplacer les attraits:

» Ma favorite est plus fine et plus sage.

» Quant au soucis qui vous agite encore

» Sur la durée et l'éclat de ses traits,

» Rassurez-vous : je les tiens aussi frais,

» Malgré le tems, que s'ils venaient d'éclore.

» Et lorsqu'enfin l'âge sur sa figure,

» Commencera d'imprimer ses sillons,

» J'ai sur ce point pris mes précautions,

» Dès sa naissance, auprès de la nature.

» Elle a pour elle, au défaut de ses charmes,

» Des qualités , de l'esprit et du cœur ;
» Qui serviront ma gloire et mon honneur ;
» Mille fois mieux que de plus jeunes armes.
» Oui , sur les pas de sa vieillesse même
» Voltigeront les ris et les plaisirs ;
» Elle fera naître encore les désirs
» Et plus d'un cœur lui dira : je vous aime....
» Mais résumons , compagnes immortelles ,
» De mes beautés les détails que je vois.
» Combien encor sont dignes de mon choix ?
» Quelle est pour vous la première d'entr'elles ?
» — A*** sans-doute, A*** s'écrièrent les Grâces.
» — Vous l'entendez, dit Vénus à son fils ,
» Allez , prenez un air des plus gentils ,
» Et lui rendez en mon nom mille grâces. »


D'après ces débats et le jugement qui en est résulté , vous voyez, chère amie , qu'il n'est réellement plus possible de penser à vous satisfaire. Tâtez-vous bien , et vous serez forcée de convenir que l'aimable cour juge vos charmes avec plus d'impartialité , et leur rend en effet plus de justice que vous-même. Retirez-donc , je vous en prie, l'ordre bizarre que vous m'avez donné ; ou, si je me permets de ne pas vous obéir, ne vous en prenez qu'aux grâces, qui ont prononcé, et à l'amour que ma condescendance offenserait. Adieu, je vous embrasse.

## *Lettre de monsieur C*** à madame de B***.*

L E pauvre L***, mon malheureux ami, doublement victime de sa trop grande sensibilité, vient de m'envoyer, madame, deux petits contes qui pourront vous faire plaisir. Dans l'un, il a voulu peindre l'amour et l'amitié, et établir la supériorité de celle-ci sur celui-là. Dans l'autre, il a pour but cette affligeante vérité : *qu'il est peu d'amis fidéles ;* et ses deux contes m'ont paru l'amener si joliment à ses fins, que je les ai crus dignes de vous être présentés. Je désirerais même qu'ils vous fussent assez

agréables , pour obtenir à un malheureux qui m'intéresse, l'honneur de
faire votre connaissance.

## LES DEUX FONTAINES.

Aux deux extrémités d'un vallon solitaire ,
Environnés de bois et percé de canaux ,
Deux Fontaines coulaient , chacune à leur maniére ;
Dans un lit séparé , leurs differentes eaux.
Impétueuse et vive , avec éclat bruyante ,
L'une du flanc d'un roc faisait jaillir au loin
De ses flots écumeux , la gerbe éblouissante ,
Et prenait de ses bonds terre et ciel à témoin.
La nature en avait soigné le voisinage :
De mousse et de lilas ses bords étaient garnis ;
Et l'on s'intéressait au tendre et doux ramage ,
Qu'y gazouillaient toujours les oiseaux-réunis.
Séduits par l'apparence et de l'onde et du site ;
En guirlandes de fleurs deux amans , certain jour ,
Laissérent sur le roc cette sentence écrite :
Nous l'avons aujourd'hui consacrée a l'amour.
Plus douce, plus tranquille et plus humble en sa source,
L'autre , au pied d'un rocher , de lierre revêtu ,
Sortait à petits flots , et versait dans sa course
Une fraîcheur propice au berger abattu.
Son onde serpentait sous une voûte épaisse,

D'arbousiers toujours verds en dépit des saisons ;
Elle était pure et claire , et souvent la sagesse
De la nature y vint recevoir les leçons.
Deux enfans autrefois s'étaient , sur son rivage ,
L'un à l'autre promis la plus tendre amitié ;
Et par respect pour eux , cet endroit , d'âge en âge ,
A ce doux sentiment demeura dédié.
Comme il faisait beau voir les bergers , les bergères ,
Les bras entrelacés , et le cœur palpitant ,
Ceux-ci plus transportés , celles-là plus sincères ,
Sur l'une ou l'autre rive accourir en dansant.
C'étaient de ses cantons les plaisirs et l'usage :
Mais les bords embellis d'arbustes odorans ,
Étaient plus fréquentés que le modeste ombrage :
Hélas ! il est partout moins d'amis que d'amans.
Cependant un beau jour que la troupe badine
Vint à son ordinaire au lieu de ses soupirs ,
Sceller par des baisers les sermens qu'on devine ,
Le chagrin l'y reçut et non plus les plaisirs.
Des rayons de Phœbus , la chaleur excessive
Avait fait de la mousse un tapis jaunissant ,
Et ce roc , qui jetait tout-à-l'heure une eau vive ,
N'offrait à l'œil surpris qu'un flanc sec et brûlant.
Le bassin n'était plus qu'un triste amas de sable ,
Le lilas sur sa tige inclinait languissant ,
Et pour rendre le deuil encor plus effroyable ,
Les oiseaux ne faisaient plus entendre leur chant.

A ce lugubre aspect , notre aimable jeunesse ,
Par des cris et des pleurs exprima ses regrets ,
Et maudit en couroux , dans sa folle tristesse ,
L'astre qui fit sécher et périr tant d'attraits.
« Tendres enfans , leur dit un vieillard respectable ,
» Que leurs gémissemens avaient fait accourir ,
» Votre douleur est juste , et l'état misérable
» D'un lieu cher à vos cœurs doit vous faire gémir.
» Mais sachez profiter de son désastre même.
» Cette source bruyante avec rapidité ,
» Tout ce site , en un mot , est un parfait embléme ,
» du sentiment auquel il était consacré.
» Son éclat , sa fraicheur devait être éternelle ,
» Il vous le promettait..... Mais qu'est-il devenu ?.....
» Aussi riant. , l'amour n'est pas moins infidèle ,
» Il promit toujours plus qu'il n'a jamais tenu.
» D'ailleurs impétueux , bouillant , et dans sa course
» Aussi peu modéré , faisant autant de bruit ,
» Il a souvent le sort qu'a subi cette source ;
» La trop grande chaleur le sèche et le détruit.
» O mes enfans , allez soulager votre peine
» Au bas de ce vallon , sous cet ombrage frais ;
» De la douce amitié , la céleste fontaine
» Vaut celle mille fois qui cause vos regrets.
» Vous la retrouverez toujours tranquille et pure ;
» Toujours à vos plaisirs donnant de la fraicheur ;
» Qualités qui très-bien vous peignent la nature

I 6

» Du plus beau sentiment qui puisse être en un cœur.

» Adieu. Vous le voyez, le flambeau de ma vie

» Ne jète déjà plus qu'une faible lueur.

» Ne m'oubliez jamais, enfans, je vous en prie,

» Ce que je vous ai dit, c'est pour votre bonheur. »

Emus, déconcertés, attendris jusqu'aux larmes,

Ces enfans à genoux, au bon vieillard soudain,

Jurèrent par leur foi, leurs vertus et leurs charmess,

Un amour, un respect, un souvenir sans fin.

Dans leurs transports aussi tous ensemble ils convinrernt

De s'aimer en amis et non plus en amans.

Mais quelques jours après qu'en ces lieux ils revinrent,

Leurs cœurs avaient, dit-on, changé de sentimenss.


# LE CHIFFRE.


Dans un de ces châteaux, autrefois si puissans,

La nature offre à l'œil, en sortant d'un bocage,

Un site pittoresque, un riant paysage,

Le séjour des zéphirs et le charme des sens.

Des bouquets de verdure ornent le flanc humide

D'un rocher d'où jaillit une eau pure et limpide.

L'abeille, en bourdonnant, voltige tout au tour,

Et la colombe y vient roucouler son amour.

Au loin sur le gazon, de son large feuillage

Un Platane superbe étend la majesté.

Le tendre rossignol en préfère l'ombrage,

Et par l'attrait du site, à chanter excité,
Il module avec goût, à la nymphe attentive,
Des sons moëlleux qu'Echo répète à l'autre rive.
Deux enfans du même âge, AZÉLIE et THAïs,
Le teint frais comme rose, et le sein comme un lys,
Leurs mains l'une dans l'autre, avec grâce enlacées,
Venaient là quelquefois se dire leurs pensées.
Leurs entretiens sans-doute étaient bien innocens ;
Mais à tout âge on a confidence à se faire ;
Les plaisirs et les jeux, ceux-même des enfans,
Ont un charme de plus sous l'aile du mystère.
Dans ceux-ci, cependant, quoique timide encor,
Le cœur déjà parlait et prenait son essor.
« Sais-tu quel est THAïs, dit un jour AZÉLIE,
» Cet arbre bienfaisant qui sur nous s'humilie ?
» Je voudrais le connaître : il devient chaque jour,
» A mes yeux, le plus beau des arbres d'alentour.
» Quand nous en approchons, mon cœur éprouve même
» Certaine émotion, certain trouble que j'aime.
» Comme à moi, s'il t'est cher, en longs traits bien tracés,
» Sur sa tige gravons nos chiffres enlacés.
» Ce simple monument, de notre premier âge
» Consacrera les jeux et la tendre amitié.
» Nous viendrons, tous les ans, fêter sous son ombrage
» Le jour qu'au sentiment nous l'aurons dédié. »
THAïs à ce projet répond par un sourire,
Et comme il n'a pas eu le bonheur d'inventer,

Il demande instamment celui d'exécuter.

Son amie à ses vœux a peine de souscrire ;

Mais le petit frippon , par un tendre baiser ,

Obtint ce qu'on allait d'abord lui refuser.

Et sa main que son cœur, plus que l'art , rend habile,

Enlace un T , un A sur l'écorce docile.

Pour ce couple innocent, caractères chéris ,

Au Platane combien vous ajoutez de prix !

On accourait le voir au lever de l'aurore ;

Au coucher du soleil, on y venait encore.

Les plaisirs de la ville , à son doux souvenir ,

Ne peuvent empêcher ni regret , ni soupir.

L'hiver commence à peine , et déjà l'on appelle

La verdure et les fleurs de la saison nouvelle.

Tendres enfans, cessez vos vœux impatiens ,

Hâter cette saison , c'est hâter vos tourmens.....

Elle arrive en effet..... Et le Plane superbe

Les voit courir à lui sans presque fouler l'herbe.....

O surprise ! ô douleur ! ils recherchent en vain

Le monument chéri qu'avait tracé leur main.

« Cependant , dit THAïS, cet arbre est bien le même,

» Qui de notre amitié portait l'auguste emblème.

» Un méchant, AZÉLIE, a sans-doute effacé

» Ce qu'avec tant de soins nous avions enlacé. »

Et tous deux de gémir , lorsqu'on vit du bocage

Accourir un berger réputé pour un sage.

Comme on peut croire, instruit de leur peine à l'instant,

« N'accusez, leur dit-il, aucun être pensant.

» Cet arbre est un Platane , et sa nature est telle,

» Que chaque année , il prend une écorce nouvelle.

» Votre chiffre chéri ne pouvait donc rester :

» Avec l'ancienne écorce il a dû s'effacer.

» Et dans le monde, hélas ! ( je frémis quand j'y pense )

» Enfans, combien de cœurs ne conservent pas mieux

» De la tendre amitié les gages précieux ,

» Que la tige infidelle,  où l'inexpérience

» Vous avait fait graver celle de votre enfance ! »


Maintenant que je vous ai recommandé mon ami, et que vous avez lu ses vers, me sera-t-il permis, madame, par un retour en ma faveur , de vous demander lequel des deux sentimens vous daignez agréer de ma part. Je ne doute point que vous ne donniez la préférence à l'amitié, et il est possible d'y mettre assez de chaleur, pour qu'elle vaille en effet mieux que l'amour. Je m'en tiens donc à ce sentiment ; et plus modéré , sinon plus sensé que les enfans du premier conte, je ne m'aviserai point de revenir comme eux , de l'un à l'autre. Encore moins aussi infidéle que le Platane , laisserai-je s'effacer dans mon cœur la douce impression de vos vertus et de vos charmes. Je vous salue avec un tendre dévonement.

## Lettre de monsieur de G*** à madame V***.

Je viens de lire , madame , un petit conte qui convient parfaitement à la conversation que nous eûmes hier ensemble. Vous vous plaigniez amèrement des impertinences récentes d'un homme qui vous avait idolâtrée , et vous ne pouviez revenir qu'après avoir si long-tems préconisé vos vertus , il eût fini par vous donner tous les vices , non pas de la bonne société , mais de la classe la plus vile. Cette injustice est en effet révoltante , et doit vous outrager d'au-

tant plus, que vous l'avez moins mé-
ritée. Mais écoutez mon petit conte ,
et après cela nous raisonnerons.

## LA LOGIQUE DES PASSIONS,

### ou

## LE BOUQUET DE VIOLETTE.

« Les premiers traits de la saison nouvelle
» Parent déjà les vergers et les bois ;
» Et ce matin je voyais l'hirondelle ,
» Qui maçonnait son gîte sous nos toits.
» La violette , aimable printannière ,
» Parfume aussi les bords de nos ruisseaux.
» La violette.... Ah ! j'en veux à ma mère
» Faire à l'instant un bouquet des plus beaux.
» Allons bien vite au bas de ce bocage ,
» A ce bassin qu'ombrage le muguet ;
» J'y trouverai ce qu'il faudra , je gage ,
» Pour faire à l'aise un très-joli bouquet. »
Ainsi parlait , quoiqu'au printems de l'âge ,
Simple en ses mœurs , la belle Pholoé.
Elle ignorait que pour tout autre usage
Un beau bouquet pouvait être apprêté.
Sa mère était l'unique et tendre image ,
Que jusqu'alors lui retraçât son cœur :

Aussi, dit-on , jamais loin du village,
Elle n'avait exposé sa candeur.
Vers le bassin la voilà qui s'avance ;
Il faut en vain qu'elle saute un ruisseau :
L'aimable enfant avec ardeur s'élance ,
Et derrière elle , a déjà laissé l'eau.
Avec quel soin cherchant la violette ,
Son œil répond aux désirs de son cœur !
Comme elle semble heureuse et satisfaite
Au moindre brin qui se présente en fleur !
« Quel doux séjour que les champs , disait-elle !
» Ils sont vraiment le temple du plaisir.
» Chaque saison , chaque aurore nouvelle ,
» On l'y voit naître et jamais se flétrir.
        » Ainsi l'a voulu la nature ,
        » Et la nature a tout bien fait :
        » Me faut-il , pour en être sûre ,
        » Autre preuve que ce bouquet.
» Ce bouquet..... vite à la plus tendre mère
» Courons l'offrir : il ne peut que lui plaire. »
Et de chemin , le désir d'abréger ,
La fait , hélas ! imprudemment changer.
A quelques pas déjà se fait entendre
Un bruit confus , un sombre roulement.
Déjà la peur commence à la surprendre :
Elle n'en va que plus légèrement ;
Mais , ô douleur ! ô désespoir ! ô trouble !

Plus elle avance , et plus le bruit redouble ;
Effet produit par deux ou trois torrens ,
D'un roc voisin , avec fracas roulans.
Aussi bientôt c'est presque une rivière
Qui se présente en place du ruisseau.
Quel embarras !.... Pour s'en tirer , que faire?
Comment franchir un tel espace d'eau ?
« C'est pourtant bien la même onde qui coule
» Au lieu , dit-elle , où tantôt j'ai sauté.
» Ici pourquoi cette même onde roule
» Ces vilains flots dans un lit moins serré.
   » C'est la faute de la nature ,
   » Elle n'a donc pas tout bien fait ;
   » Me faut-il , pour en être sûre
   » Autre preuve que cet effet. »
A peine elle a proféré ce reproche ,
Qu'un bel enfant paraît à l'autre bord.
L'âge , l'instinct, la beauté les rapproche ;
Et les voilà de se parler d'abord.
PHOLOÉ dit le besoin qui la presse ,
ITHIS y prend un sensible intérêt ,
De l'obliger avec grâce il s'empresse ;
Et sans douter s'il y réussirait :
« Je vais vous faire un facile passage ;
» Rassurez-vous , d'un moment c'est l'ouvrage ».
Il roule ensuite une pierre dans l'eau,
L'assure bien , en roule une seconde ,

Une troisième, et passe le ruisseau
Le plus légèrement du monde.
« M'y voilà donc, dit-il à Pholoé ;
» Vous l'avez vu, rien n'est-il plus aisé ? »
La jeune fille à ces mots prend courage.
Au bel Ithis elle donne la main,
Et cet appui la transporte au rivage,
Qui la faisait se lamenter en vain.
Là tous les deux éprouvent quelque chose
De gracieux, d'aimable à se conter.
Mais la pudeur chez tous les deux s'oppose
Au libre élan qu'ils voudraient se donner.
Et le salut fut d'abord le seul gage
Que l'on s'offrit du tendre sentiment ,
Que chacun tait, et que chacun partage.
Puis tout-à-coup Pholoé simplement
Reconnaissante et non point indiscrette :
— Permettez-vous que de ma violette.....
Elle se tut. Eloquemment son cœur,
Par un soupir, sut exprimer le reste.
Non moins timide , à ce désir flatteur,
Le bel Ithis répondant par un geste :
— Ce petit brin..... je serai satisfait.
C'en était un qu'à la bouche elle avait.
L'aimable enfant le donne à l'instant même ;
Qu'Ithis est fier de l'avoir obtenu !
Pour lui ce don vaut plus qu'un diadème :

Il fallait voir son transport ingénu.
La jeune fille également heureuse,
En s'en allant, sans cesse répétait :

    « Oui, la Nature a tout bien fait.
» C'est de ma part injustice odieuse
» D'avoir osé l'accuser un instant.
» Si ce ruisseau, me fermant le passage ;
» N'eût retardé mon retour au village,
» Aurais-je donc le cœur aussi content ? »
Ainsi l'esprit de l'homme approuve ou désapprouve ;
Blasphême la Nature ou révère les Dieux !
Selon que leur ouvrage aux besoins qu'il éprouve
    S'oppose ou convient mieux.


A présent , madame , permettez-
moi de vous le demander : Avez-vous
eu, en lisant ce conte, la sévérité de
condamner l'aimable enfant qui tour-
à-tour accuse ou loue la nature, selon que les œuvres de celle-ci con-
trarient ou secondent ses désirs. Votre
amabilité m'assure , à n'en pouvoir
douter , que vous avez ri de cette
agréable légéreté. Eh bien , madame,
vous êtes la nature (ou du moins un

de ses plus charmans ouvrages ) et le caractère de L*** ressemble à celui de Pholoé. Ayez pour cet ami qui, d'ailleurs a bien des bonnes qualités, cette douce indulgence que vous avez accordée à la petite paysanne dont je viens de vous entretenir. Rendu à son sang-froid, au calme de ses passions, L*** a fini comme Pholoé l'a fait à l'égard de la nature, par se reprocher son odieuse injustice d'avoir osé vous accuser, et par convenir que comme cette bonne mère, *vous avez tout bien fait.* Je le vis hier : il n'est sorte d'éloges qu'il ne vous ait donnés, ni de mérite qu'il ne vous ait reconnu. Il ne se pardonne point les injures atroces qu'il a laissé échapper de sa bouche ou de sa plume contre vous. Il voudrait les effacer de son sang; et quand pour adoucir ses remords, j'ai voulu lui représenter combien alors il était peu maître de lui-

même, il m'a répondu avec l'indignation la mieux caractérisée, qu'il était
si naturel de vous rendre justice,
qu'il n'y avait pas de disposition de
l'âme, qui pût excuser le calomnia-
teur de vos vertus. Il m'a même aussitôt raconté avec tout l'enthousiasme
du sentiment, la preuve récente que
vous venez de lui donner de la géné-
rosité, de la bonté de votre cœur; et
permettez, madame, que je joigne
mon suffrage à celui de mon ami.
Tous deux nous vous admirons, tous
deux nous célébrons vos louanges, et
nous n'oublierons jamais ni l'un ni
l'autre que vous avez pu répondre par
des bienfaits aux plus dégoûtantes injures. Ah! si vous daigniez couronner
un si noble procédé par la promesse
positive et franche d'un pardon, d'un
oubli absolu de tout ce qui s'est passé,
combien le malheureux L*** vous devrait! Il vous la demande cette promesse, en embrassant vos genoux,

en arrosant des larmes du repentir le plus vrai, ces mains chéries qu'il a si souvent baignées des pleurs de la tendresse la plus vive. Vous y refuserez-vous, madame ? Oh ! non ; il faudrait ne pas connaître toute la grandeur de votre âme, pour en douter un instant. Quant à moi, qui me suis constitué médiateur de mon ami auprès de vous, je lui en donne l'assurance la plus positive ; et en attendant que vous veuillez bien la confirmer, je vous prie de croire à tous les sentimens respectueux et tendres qui m'attachent à votre char pour le reste de ma vie.

*Lettre de monsieur L * * * à monsieur T * * *.*

C'EST un combat, monsieur, bien difficile à rendre que celui qu'on éprouve en voyant dans les fers, sous le poids d'une accusation capitale,

un

un jeune homme d'une physionomie heureuse. Ce contraste de l'expression de sa figure avec la scélératesse dont il est accusé, fait naître une foule de sentimens contraires qui se détruisent l'un l'autre. On pense au crime, et l'on s'enflamme d'indignation; on voit celui qui en est prévenu, et la douce pitié survient. Mais que doit-ce être, quand le jeune malheureux, au lieu de ce dégoûtant négligé, de ce désordre indécent, qui est l'apanage ordinaire de l'infamie et des mœurs déréglées, vous offre un extérieur soigné, et par-dessus tout une tranquillité modeste, un calme serein, que le front menaçant et l'imposant appareil de la justice ne sauraient troubler. Alors, n'est-il pas vrai, monsieur, l'on n'est plus le maître de retenir ses larmes, et cette effusion presqu'involontaire soulage délicieusement la sensibilité. Eh bien, j'eus un jour ce spectacle; et, en présence

du redoutable tribunal, le jeune prévenu, outre tout ce que je viens de
dire, avait une rose blanche à la
bouche. Vous n'imagineriez pas l'é-
motion que produisit généralement
l'aspect de cette fleur. En vérité, le
peuple, si crédule cependant, ne
pouvait plus croire au crime de l'infortuné qui la portait ; et moi, dans
la subite exaltation de mon âme, je
lui dis en vers, comme par im-
promptu :

Du printems de nos jours, de la fraîcheur de l'âge ;
Quand l'ombre de la mort voltige autour de toi,
Trop jeune malheureux, à ta bouche, dis-moi,
Comment, sans frissonner, peut-tu porter l'image ?
Sous ta lèvre vermeille en pressant cette fleur,
Le remords n'émeut pas ton âme à l'instant même !
Son coloris si pur et sa chaste blancheur
De l'innocence, hélas ! sont cependant l'emblême.
Ne te dit-elle rien qui, par le souvenir,
Puisse faire à ton cœur un utile reproche ?
Au moins, en se fanant, doit-elle t'avertir
Que ton heure dernière est peut-être bien proche ?

Mais que vois-je! Ta main tranquillement l'effeuille ?
Ah! de ton infortune épargne les témoins :
En présage plus doux laisse intactes du moins
Et sa tige encor verte et sa dernière feuille.

J'avais bien raison , monsieur, de lui demander ce présage , car il nous eût affligés gratuitement. Son innocence a été proclamée, et la justice a rendu à la société un jeune homme qui ne peut qu'en être l'ornement, s'il est vrai, comme on le dit, que la physionomie soit le miroir de l'âme. Je devrais maintenant vous demander grâce pour ma malheureuse muse , mais je n'ai voulu qu'exhaler ma sensibilité, et je suis content si ces vers ont quelque chose de la mélancolie que me commandait la circonstance et que j'éprouvais , quand je les fis.

Je vous salue avec considération.

## *Lettre de monsieur de P * * * à madame de C * * *.*

JE ne suis point l'aimable et beau J * * *, madame ; encore moins l'opulent de G***, ni même le jeune et brûlant A.* * *, et cependant j'ose vous offrir une humble violette. Mais l'indulgence et la bonté sont les péchés d'habitude des jolies femmes, et mon hommage n'a d'ailleurs aucune indiscrette prétention : c'est un effet tout naturel et tout simple de cet ascendant presque involontaire que la beauté exerce sur nous; et je n ne vous l'offre que comme tel. Ce pendant , vous n'imaginiez guères n'est-ce pas , en jouant hier au soir que , dans la foule , un inconnu pû employer au profit de la galanteri les injures que vous faisait la fortun Mais que ne ramène-t-on pas à cett aimable fin, quand on le veut ? Il n'

a pas jusqu'à l'air que vous respirez,
madame, qui ne prêterait aux plus
jolies choses ; et si mes couplets ne
valent rien , c'est que je suis un sot.


## A MADAME DE C***,

TANDIS QU'ELLE PERDAIT AU QUINZE.


QUAND autour de vous tout s'empresse,
Soumis à vos charmes vainqueurs ;
Eh ! quelle est donc cette déesse,
Qui vous refuse ses faveurs ?
Pour peu qu'elle vous vît , sans doute,
Vous ne l'auriez contraire en rien,
Mais la fortune n'y voit goutte,
MADAME , vous le savez bien.

Comme vous , d'ailleurs , elle est femme,
Et dès-lors plus d'étonnement
Que d'un dépit jaloux , la dame
Ait contre vous un mouvement.
Vous le lui pardonnez , je pense,
D'autant qu'il est très-bien fondé,
Car avec vous en concurrence,
On la laisserait de côté.

K 3

*Lettre de madame de B*** à madame de S***.*

SERMONNEZ-MOI bien, mon amie, sermonnez - moi bien : il n'est plus tems. Mon âge n'a pu me défendre contre les faiblesses de mon cœur ; je l'aime plus que jamais, il est si jeune, si ardent, si beau. Je regrette bien cependant la douce tranquillité que j'ai perdue ; mais hélas ! je n'aurai pas le courage de la recouvrer, et la verdure vigoureuse du myrthe ne me semble pas trop contraster avec la blancheur de mes cheveux et la sécheresse de mon front. Vous le dirai-je ? Je ne m'occupe plus que des moyens d'effacer dans mon physique les injures du tems, et d'y rappeler quelques - unes des grâces de mes beaux jours. Hier encore ( ah ! je vous en prie, ne me punissez pas de cette folie par le sarcasme ), oui, hier j'allai

chez Dubois pour que son art réparât
les horribles brêches de ma bouche,
et dix louis me parurent peu de chose
pour recouvrer huit dents. J'en suis-
là, chère amie, j'en suis-là. Et bien
plus, cette nuit, mon petit G * * *
m'apparut en songe : qu'il était beau !
une douce flamme ajoutait encore à
l'éclat de sa physionomie. Je le comblais de mes caresses, je le dévorais
de mes baisers, et il y répondait avec
une ardeur ravissante. Cependant mes
sens reprennent quelque chose de
leur ancienne énergie , mon corps
frissonne, tous mes nerfs se tendent :
*mon amie, je fis la sotte.* Au moins
s'il avait été là, pour recueillir ces
preuves du plaisir qu'il me faisait,
pour juger que je pouvais encore être
aimée , et pour évaluer surtout les
promesses de la réalité par les effets
de mon rêve ! mais je les lui conterai :
il m'en aimera peut-être plus, et ce
prix de ma sottise m'en fera bien ou-

K 4

blier la honte. Voilà mes dispositions, mon amie ; jugez si je suis en état de goûter la sagesse de vos remontrances. Oh ! non ; et comme je l'ai dit au commencement de cette lettre : il n'est plus tems, je l'aime plus que jamais, et je l'aimerai toujours. Adieu. Venez me voir, vous me ferez plaisir.

## *Lettre de monsieur L*** à monsieur P***.*

Tu veux donc, mon ami, que je paye aussi mon tribut à la Petite Poste. Hélas ! dans mon porte-feuille il est peu de chose qui n'ait pas à re-douter le grand jour, et je ne sais trop quoi te donner. Au reste, il ne me convient point d'aspirer à une réputa-tion de talent. J'aime bien mieux qu'on reconnaisse en moi les qualités du cœur, et puisque tu m'en offres l'occasion, je vais rendre publics, quels qu'ils puissent être, les accens de ma reconnaissance envers une femme respectable, qui est un modèle accompli des vertus domestiques, et aux bontés de laquelle j'ai les plus grandes obligations. D'après les confidences que tu m'as faites, je juge que ton ouvrage n'est pas précisément le recueil des vertus du sexe ; mais enfin quand tu en publierais quelques-unes qui le méritent, croirais-tu cette justice déplacée. On aime à se reposer sur de bonnes actions, après en avoir parcouru une longue suite de mauvaises, et s'il ne peut être flatteur pour la personne dont je parle de se trouver au milieu de tant d'ordures, il sera bien agréable à tes lecteurs fatigués de rencontrer enfin un objet pur et vertueux, qui adoucisse dans leur âme des impressions plus ou moins pénibles de ceux qui l'auront précédé. Quoi qu'il en soit, voici mes vers : je les abandonne à ta discrétion et à ta censure. Ils furent

faits, lorsque j'arrivai à Paris après la
tourmente révolutionnaire.

# LE RUISSEAU,

## ALLÉGORIE

### Adressée *à Madame de L***.*

BATTU des vents, troublé par les orages,
Loin de sa source, un timide ruisseau
Cherchait un lit plus tranquille et plus beau,
Un ciel plus doux, moins couvert de nuages.
A l'aventure il coulait tous les jours
D'un ton plaintif ses ondes ignorées :
Déjà vingt fois il avait dans son cours
Changé de lieu, de forme et de contrées.
Mais plus il fait de circuits différens,
Plus il s'épuise et perd de son volume ;
Sa course, hélas ! qui dure trop longtems,
De plus en plus chaque jour le consume :
Le malheureux ! il allait disparaître ;
Il n'était plus qu'un petit filet d'eau.....
Comme il pensait aux lieux qui l'ont vu naître !
Mais nul moyen d'y couler de nouveau.
Il murmurait de vains gémissemens,
Quand il trouva sur les bords de la Seine,
Une Naïade aux nobles sentimens

Qui daigna prendre intérêt à sa peine,
Le sort aussi l'accablait cependant :
De ses amours elle était séparée ;
Le crime alors audacieux, puissant,
Persécutait tous les enfans d'Astrée.
Elle mena le ruisseau malheureux
Dans son palais, dans sa grotte elle-même.
Que la nature est belle dans ces lieux !
Elle y captive, on l'y respecte, on l'aime.
De tendres fleurs, de jeunes arbrisseaux
Offrent à l'œil une tige charmante.
De l'un d'entre eux, il devait de ses eaux
Soigner, nourrir la verdure naissante.
Combien alors son destin fut heureux !
Il n'eut jamais plus agréable course.
Gráce à la nymphe, à ses soins généreux,
Il oublia ses malheurs et sa source.
Pour elle aussi que ne ferait-il pas !
Si de son onde il pouvait quelque chose,
Sur le gazon comprimé de ses pas
Comme on verrait multiplier la rose !
D'un ruisseau faible, obscur et peu connu,
Tel fut le sort, les courses, la fortune.
Sa nymphe et vous, MADAME, n'êtes qu'une.
J'aurais voulu, dans ce style ingénu,
Peindre à-la-fois et mon cœur et le vôtre ;
Mais mon pinceau n'a pu ni l'un ni l'autre.

K 6

# MES ORDRES
# A ZÉPHIRE.

*Vers envoyés par M. de D*** à Mademoiselle d'A***.*

O mes amis ! vive l'économie,
Quand on n'a plus d'argent à dépenser.
Il n'est moyen qu'on ne sache inventer,
Pour qu'il n'en coûte au moins rien vers sa Mie.
Or vous saurez que tels sont à-peu-près
Mon sort présent, ma fortune actuelle.
Il faut tout net renoncer à ma belle,
Si je ne sais la cajoler sans frais.
Ainsi réduit à ce point de misère,
Aimant toujours, quoique bien bas percé,
Il me fallait un commissionnaire
Ingambe, adroit et désintéressé.
Mais où trouver, dans le siècle où nous sommes,
Un tel phénix, un semblable sujet ?
Grands ou petits, c'est le seul intérêt,
Qui fait penser, qui fait agir les hommes.
Aussi d'abord ai-je mis de côté,
Vu le besoin dont j'étais agité,
Des animaux cette moitié si vaine,

Qui, selon moi, par contre-vérité,
S'est adjugé le nom d'espèce humaine:
Et négligeant ses soins dispendieux,
Je m'adressai, pour trouver mon Mercure,
A ces objets, nombreux dans la nature,
Sans intérêt toujours officieux,
Quoiqu'ils n'aient point reçu d'âme des Dieux.
Pour me servir chacun d'eux se propose;
Je ne savais auquel dicter mes lois,
Mais je tenais par hasard une rose,
Et cette fleur a décidé mon choix.
Rose et ma Mie, à ne la point flatter,
Sont même chose, à tout égard, me dis-je;
On ne peut donc à l'une députer
Que cet amant, dont le souffle léger
Soir et matin près de l'autre voltige.
Et là-dessus, Zéphir obtint l'honneur
D'aller porter mon hommage à ma belle.
J'adressai même, autant qu'il m'en rappelle,
Cette leçon à mon embassadeur :
« Quand loin de la cour de ta mère,
» Tu vas, Zéphyr, chercher aux champs
» Quelque fleur ou quelque bergère,
» Qui t'offrent leurs appas naissans,
» Ne passe pas à la légère
» Certains lieux assez près d'ici.
» Fixe ton aile aventurière

» Aux environs de Tivoli.

» C'est-là qu'habite ma beauté :

» Zéphyre, c'est bien autre chose,

» Pour s'enivrer de volupté

» Que le sein même de la rose.

» A tes baisers, à tes caresses

» Elle offrira d'autres attraits,

» Des formes plus enchanteresses ;

» Un coloris tout aussi frais.

» Tu croiras même être, en sa cour,

» Sous un des berceaux de Cythère ;

» Tout est pareil : l'ombre, le jour,

» Et jusqu'à la propriétaire.

» La croisée en est entourée

» De quelques pampres bien touffus,

» Chargés d'en défendre l'entrée

» Moins au soleil qu'à maint Argus.

» Au bas est un petit parterre,

» Simplement couvert de gazon,

» Que le muscat pour l'ordinaire

» Embellit seul dans la saison.

» C'est par-là que tu dois entrer.

» Va, glisse à travers le feuillage ;

» Mais sur-tout crains le voisinage

» Et garde-toi de murmurer.

» Ah ! moi qui ne suis pas Zéphyre,

» Quand je pouvais aussi glisser,

» J'empêchais mon cœur de sourire ,
» Et mon souffle , de s'échapper.
» Tu ne peux donc te faire entendre
» Presque avant d'être à son côté :
» Murmure alors en liberté
» Tout ce qu'aux fleurs tu dis de tendre.
» Mais que j'y sois pour un demi ,
» Et te jouant sur son oreille ,
» Dis-lui qu'au nom de son ami ,
» Zéphyre aujourd'hui la réveille.
» Puis sur sa bouche , au même instant ,
» Viens te poser : ô Dieux , Zéphire ,
» Dans tout l'éclat de son empire
» Que Flore a-t-elle d'approchant ?
» Comme on est-là ! quelles délices !
» Quel incarnat ! quelle fraîcheur !
» Comme on y pompe le bonheur !
» Exerces-y tous tes caprices.
» Mais non ; plutôt modère-toi :
» Tout plaît , tout enivre chez elle ,
» Et pour t'en assurer , crois-moi ,
» Sur son beau sein donne un coup d'aile.
» Jamais , jamais quel lys offrit
» Blancheur pareille , à tes caresses !
» Sous tes baisers plus tu le presses ,
» Plus son volume s'arrondit ;
» Fleur autrement solide et belle ,

» Ainsi plus propre à tes plaisirs,

» Que cette foule, qui chancelle

» Au plus léger de tes soupirs....

» Mais petit gueux, arrête, arrête,

» Je te défens d'aller plus bas :

» Autour de son sein, de sa tête,

» Folâtre tant que tu voudras.

» Le reste n'est pas pour Zéphyre :

» Que dirait l'amour, en voyant

» Le plus beau lieu de son empire,

» Devenu le joujou d'un vent ?....

» Maintenant pars. Adieu Zéphyre ;

» Observe tout, écoute bien,

» Car il faudra tout me redire,

» Tout me conter, n'omettre rien.

## Lettre de monsieur de T***<br>à madame de L***.

JE ne viens point, madame, vous faire d'inutiles reproches. Sans aucune des vertus qui repoussent l'infidélité, et avec tous les vices qui la provo-quent, il n'était guères possible que votre conduite fût autre qu'elle n'a été. Mais au moins fallait-il ne pas négliger les précautions de la prudence, et éviter une surprise qui ne pouvait que m'outrager. J'aurais pu conserver l'air de croire à l'effusion de vos tendres sentimens, et cette apparente crédulité eût ajouté du piquant à vos secrettes débauches. Mais ou vous teniez peu à la durée de notre commerce, ou vos gens sont si au fait de votre libertinage, que vous ne vous mettez plus en peine de le leur cacher. Car enfin tout autre que moi pouvait entrer dans votre boudoir au moment dont vous me dispenserez, je pense, de vous rappeler la scène. Eh bien ! jouissez, madame, de cette dissolution de vos mœurs. Livrez-vous à cette ardeur de tempérament qui étouffe dans votre âme tout respect des bienséances. Mais aussi ne comptez plus sur les soins d'un honnête homme qui trouvait plus de bonheur à vous être utile, que de volupté à vous tenir dans ses bras. Que celui que vous

pressiez dans les vôtres avec tant d'a-
bandon, vous rende, en reconnaissance, des devoirs qui vous sont in-
dispensables. Vous le dirai-je, madame, je n'ai point voulu l'envisa-
ger, et cette circonspection a peut-
être ménagé votre amour-propre. Il
ne serait pas étonnant que vous eussiez à rougir du choix ; et en effet
vous n'avez pas la réputation d'être
bien délicate en pareille occurrence.
Un beau physique, dit-on, est un
objet auquel vous ne savez pas résister, quel que soit d'ailleurs celui qui
le porte.... Mais que m'occupé-je de
la critique de vos goûts ? Ils sont par-
faits, madame, pour l'intérêt qu'ils
m'inspirent; et puisque vous avez la
force d'y trouver le bonheur, je vous engage bien, non-seulement à ne pas les
changer, mais même à ne pas les con-
trarier. Allez-y toujours avec une licence effrénée. Bath! l'honneur chez
les femmes n'est qu'une importune

chimére qu'a inventée l'inquiéte jalousie et l'ombrageuse susceptibilité des hommes. Voilà du moins les grands principes, la morale à la mode; et je ne m'aviserai pas de vous les prêcher davantage, parce qu'à cet égard vous avez une théorie, une pratique infiniment supérieures à mon imbécille délicatesse. Il ne m'appartient plus d'ailleurs de vous rappeler à des vertus qui ne peuvent que vous paraître pénibles. J'ai laissé ce droit à la porte, si gauchement ouverte, du temple de vos prostitutions. Cherchez bien: vous y trouverez aussi un acte en bonne forme d'une entière abjuration de ma malheureuse faiblesse, et le plus solennel engagement de ne plus m'exposer à vous surprendre. Je vous salue avec tous les sentimens que je vous dois.

# DERNIÈRE LETTRE

## DE

## L'EDITEUR.

J'ai rempli la tâche que je m'étais donnée. Je m'embarrasse peu que le mode de mon travail ait du succès, pourvu que le fond atteigne son but. Ce qui s'appelle aujourd'hui la bonne société ne dira pas du moins de la Petite Poste, comme je l'ai souvent entendu dire de la comédie des Provinciaux à Paris, qu'elle ne peint que des mœurs populacières, qui n'intéressent point un certain monde. O riches ! c'est vous-mêmes que j'ai mis en scène : ce sont vos crimes, vos injustices, vos intrigues, votre égoïsme et vos scandales. Au lieu d'une chétive brochure, quel immense volume j'aurais pu faire ! mais il eût fallu vaincre plus longtems la répugnance qu'une imagination droite éprouve à se retracer sans cesse des images de dépravation, et la force m'a manqué. Bon jeune homme, qui nais à la société, et dont l'âme est encore pure, c'est à toi maintenant que je m'adresse. Défends-toi de cette corruption qui va t'envelopper ; n'obéis jamais à l'égoïsme, aux folles passions ; crains surtout, ah ! crains d'être la dupe de ta bonne-foi. Je t'en ai dit assez pour te convaincre que la franchise de ton âme peut souvent devenir

le jouet de la perfidie, et te rendre victime de la trahison. Aussi,
je t'en conjure, retiens toujours
ton cœur dans tes mains. Crois-
moi, pour obtenir ces faveurs,
dont ton âge est avide, il te suffit
de le montrer ; la montre seule
aujourd'hui fait tout. Mais si tu
le livres, tu es perdu, à jamais
perdu. Il est peu de mains assez
pures pour recevoir un tel dépôt.
Le plus souvent ce n'est pour le
crime qu'un gage de faiblesse,
et ce gage funeste, une fois qu'on
l'a donné, coûte bien des larmes
et des regrets. Puisse, ô jeune
homme, puisse ta propre expérience ne te confirmer jamais
cette terrible vérité ! Elle est
écrite en caractère de sang dans
les fastes de bien des malheureux,

et toi, tu peux encore en profiter
sans la plus légère peine, sans le
moindre déchirement. Que tu es
heureux, jeune homme, que tu
es heureux !

## F I N.

www.ingramcontent.com/pod-product-compliance
Lightning Source LLC
LaVergne TN
LVHW021948030726
842523LV00001B/326